손자병법

손자병법

김석환 저

학영사

차   례

머리말

머리말

일찍이 프로이센의 군국주의자 헬무트 폰 몰트케는 「영구 평화는 꿈이다. 게다가 그 꿈은 별로 아름답지도 못 하다. 전쟁은 신에 의한 우주 구성의 불가결한 부분이다. 전쟁에 있어서 인간의 가장 고상한 미덕 즉 용기, 충성, 희생심 등이 발휘된다 」고 하며 이를 노골적으로 찬양한 바 있다. 그러나 한쪽의 승리는 다른 쪽의 원한과 복수심을 유발하며 곧 새로운 전쟁으로 이어져, 정복자는 보다 강한 새로운 정복자에 의해 응징을 당하게 되는 것이다.

이와 같은 폐단을 통감한 손자는 무력에 의한 승리보다는 경제력과 국방력과 외교적 역량의 우월로써 적을 굴복시켜야 함을 역설하고 있다. 이런 점에서 손자는 현대인보다 이미 이천 수백 년이나 앞서, 보다 깊고 성숙된 전략론을 내세운 셈이다. 따라서 20세기 영국의 전략가 토마스 필립스가 손자병법을 세계 4대 전략 총서에 넣고 있는 것은 당연한 일이다. 또한 인간성에 관한 한 사소한 것도 놓치지 않는 이 책은 치열한 경쟁 속에 살아가야 하는 우리들에게 보다 유익한 처세의 지침이 될 것이다.

손자병법 해제(孫子兵法 解題)

(1) 손자병법의 성립

인류의 역사는 크고 작은 전쟁으로 얼룩져 왔다고 해도 지나친 말은 아닐 것이다. 병성(兵聖) 손자가 살았던 춘추시대의 중국 대륙도 무력 충돌로 혼란을 겪고 있었다. 그러므로 무력투쟁에서 승리하는 방책을 논한 병가(兵家)가 나온 것은 당연한 일이다. 이들 중 손자는 단연 돋보이는 존재로 그의 저서는 무경칠서(손자병법, 오자, 사마법, 위료자, 육도, 삼략, 이위공문대)에 포함된다. 이 저서들은 다 나름대로 탁월한 전략과 전술을 기술하고 있으나 손자병법은 그 문장의 세련됨이나 그 내용의 보편 타당성에 있어 다른 것들을 압도하는 감이 있다.

사마천의 사기에 의하면 오나라 합려왕은 손자병법 13편을 자신이 읽은 바 있다고 했으며, 반고의 한서 예문지에는 손자병법 82편과 도(圖) 9권이 있다고 했다. 또한 당나라 두목(杜牧)은 「손자가 수십만 자의 글을 썼는데 조조가 그 정수를 간추려 한 권의 책(13편)으로 엮었다.」고 말한 바 있다.

사실 이 위대한 고전에는 역대의 수많은 학자들이 주석을 남긴 바 있으나(150여파), 위나라 조조가 쓴 최초의 것이 가장 빼어난 것으로 평가된다. 따라서 조조이후의 주석들은 다 조조의 것에 기초를 두고 있는 것이다. 손자병법은 전략과 전술뿐만이 아니라 임금의 내치, 외교, 인사(人事)의 성패에 대해 뛰어난 견해가 기술되어 있어 군인은 물론 위정자들도 꼭 읽어야 할 교과서인 셈이다. 또한 이 책은 우리나라에도 일찍이 전래되어 지식인 사이에 널리 읽힌 바 있고, 조선 왕조 시대에는 한때 역과 초시의 교재로 쓰인 적도 있었다. 그리고 이미 당나라 시대에는 일본에도 전래되어 많은 주해본이 나왔던 것이다. 서양에 번역 소개된 이 고전은 프랑스의 정복자 나폴레옹이 즐겨 읽은 바 있고, 독일 황제 빌헤름 2세는 제1차 세계대전의 패배 후 이를 읽고는 「내가 20년 전에 반드시 읽어야 했을 책.」이라고 탄식했다고 한다. 그러므로 6,600여 자에 지나지 않는 이 소책자가 지니고 있는 의미는 참으로 깊은 것이다.

그러나 예로부터 이 책을 춘추시대 제나라의 손무(孫武, B. C. 559년 출생)가 썼다는 기록에 대해서 의문을 제기하는 이들이 적지 않았다. 전국시대 사람이 아니면 쓸 수 없는 그런 표현이 있다는 것이다. 그러므로 손무가 쓴 것이 아니라 그의 후손 손빈(孫矉)이 저술했다고 주장하는 학자들도 있었다.

이 손빈은 제나라의 장군이 되어 제위왕의 패업을 도운 사람이다. 그는 일찍이 방연과 함께 귀곡자 문하에서 병법을 배웠다. 손빈은 위나라에서 장군으로 발탁된 방연의 초대를 받고 그리로 갔으나, 방연은 친구의 재능이 자기보다 월등함을 시기하고 있었다. 이는 마치 진(秦)의 재상이 된 이사가 자기와 동문수학한 한비의 등용을 꺼려 그를 모함한 후 감옥에서 죽게 한 것과 유사한 경우다. 결국 방연은 손빈에게 죄를 뒤집어 씌워 발목을 자르고 내쫓는다. 이렇게 하면 그가 부끄러워서라도 세상에 나서지 못하리라 여긴 것이다.

그후 손빈은 위나라에 온 제나라의 사신을 따라 제나라로 가게 된다. 그곳에서 장군 전기의 인정을 받고 제위왕에게 등용된다. 전기의 군사(軍師 ; 참모장)가 된 손빈은 마릉전투(B. C. 341년)에서 방연을 무찔러 원한을 갚는다. 그런데 손자병법의 저자에 대한 결정적인 자료가 최근 중국에서 발견된 바 있다. 즉 1972년 4월 산동성 임기현 은작산의 한나라 고분(조성연대는 B.C. 134년경)에서 손자병법(13편)과 손빈병법의 죽간(1만 1천여 자)이 출토된 것이다. 이 일로 손자병법(13편)의 저자가 손무라는 것과 손빈도 병서를 썼다고 하는 사마천의 기록이 정확하다는 게 입증된 셈이다.

(2) 손자의 생애

사마천의 사기열전에 수록된 손자의 생애는 다음과 같다.

손자는 그 이름을 무(武)라고 하는데 제나라 사람이다. 병법에 뛰어난 그는 오나라 임금인 합려를 만나게 된다. 임금이 말하였다. 「당신이 지은 13편 병서는 내가 다 읽어 보았소. 어디 한번 실제로 군대를 지휘해 볼 수 있겠소?」손자가 「좋습니다.」하고 대답했다. 합려가 「여자라도 괜찮겠소?」라고 하자 손자가 「상관이 없습니다.」하고 대답했다. 그래서 손자는 합려의 허락을 받고 궁중의 미녀들 가운데 180명을 뽑았다. 그는 미녀들을 두 부대로 나누고 합려가 총애하는 두 여자를 각각 부대의 대장으로 삼은 후 모두 창을 잡게 하고 명령을 내렸다.

손자가 「그대들은 자기의 가슴과 좌우측 손과 등을 알고 있겠지?」하고 묻자 여자들은 모두 「예!」하고 대답했다. 손자가 말했다. 「앞으로라고 하면 가슴을 보고, 왼쪽이라고 하면 왼손을 보며, 오른쪽이라고 하면 오른손을 보고, 뒤로라고 명령하면 등을 보아야 한다.」여자들은 「예!」하고 대답했다.

이렇게 구령을 정한 다음 작도와 도끼를 세워두고 거듭해서

슽명하였다. 그리고 나서 북을 치며「오른쪽!」하고 외치자 여자들은 웃어대기만 할 뿐이었다. 이에 손자가「구령이 분명치 못하고 명령이 지켜지지 않음은 장수된 이의 책임이다.」하고는 세 번 구령을 들려주고 다섯 번 설명하고 나서 다시 북을 치면서「오른쪽!」하고 외치자 여자들은 여전히 크게 웃는 것이었다. 그러자 손자는「구령이 분명치 못하고 명령이 지켜지지 않음은 장수의 책임이지만, 구령이 분명한데도 군사들이 명령에 따르지 않음은 곧 대장의 책임이다.」하고는 즉시 두 대장의 목을 베려고 했다. 위에서 이 모습을 바라본 임금은 자기의 사랑하는 여인들의 목이 베여지려는 것에 크게 놀란 나머지 급히 전령을 보내어 말하게 한다.「과인은 이미 장군의 용병이 뛰어남을 알고 있었소. 과인에게 이 두 여인이 없다면 음식을 먹어도 맛을 알 수 없는 정도이니 부디 살려주기를 바라오.」그러나 손자는「신은 이미 임금의 명령으로 장수가 되었습니다. 장수가 군사를 거느릴 때는 임금의 명령이라도 받들지 않을 수가 있습니다.」하고 말하며 두 대장의 목을 베었다. 그리고 그 다음 사람으로 대장을 삼아 다시 북을 쳤다. 그러자 여인들은 구령대로 절도있게 움직이며, 웃기는커녕 소리조차 내지 못하였다.

　이에 손자는 전령을 보내어 임금에게 보고케 한다.「부대는 이미 정돈되었습니다. 임금께서 내려오셔서 시험해 보십시오. 명령만 내리시면 군사들은 물 속과 불 속을 가리지 않고 뛰어들 것입니다.」그러나 오나라 임금은 이렇게 말했다.「장군은 숙소로 돌아가 쉬시오. 과인은 내려가서 보고 싶은 생각이 없소.」그러나 손자가 탄식한다.「임금께서는 병서의 말만 좋아하실 뿐 실제 운용은 못 하는군요.」

그리하여 합려는 손자가 용병에 뛰어남을 알아, 오나라의 장수로 임용했다. 오나라가 서쪽으로는 강한 초나라를 무찌르고 수도 영(郢)을 점령했으며, 북쪽으로는 제(齊)나라와 진(晉)나라를 눌러 천하에 위세를 떨친 것은 손자의 수완이 빼어났기 때문이다.

(3) 손자의 전략사상

손자병법(13편)에는 손무의 전략사상이 체계적으로 쓰여져 있다. 그는 군살이 없는 문장으로 심오한 전쟁철학을 피력한 것이다. 이 장에서는 그 핵심을 지적해 보기로 하자.

① 그는 전쟁에 있어 주도권(主導權)의 장악을 중요시하고 있다. 즉 장수는 적의 허(虛)와 실(實)을 잘 살펴, 자기는 패배하지 않을 위치에서 적의 패배를 놓치지 말아야 하는 것이다. 또한 장수는 병력의 절약과 집중의 원리를 터득해야 하며, 적을 조종하되 결코 적에게 조종되어서는 아니된다. 이렇게 할 수 있는 이는 결국 적의 운명을 한손에 쥘 수 있는 것이다.

② 그는 단기결전(短期決戰)을 강조하고 있다. 이는 전쟁이 장기 소모전이 되면 나라의 재정이 고갈되고 인명피해가 커질 수밖에 없다. 만약 제3국이 이 틈을 타서 쳐들어 온다면 손을 써볼 여유도 없이 망하고 마는 것이다. 그러므로 전쟁은 다소 미흡한 점이 있더라도 단기결전으로 승리를 거두어야만 위태로움을 면할 수 있다고 했다.

③ 그는 전투란 원래 고정된 형태가 없다고 했다. 따라서 장수는 유동적이고 변화무쌍한 싸움터에서 정공법(正攻法)

과 기공법(奇攻法)을 적절히 구사해야만 승리할 수 있다
고 본 것이다.

④ 그는 세(勢)에서 승리를 찾고 있다. 장수는 아군의 실
(實)로써 적의 허(虛)를 찔러 단숨에 그들을 제압해야 하
는 것이다. 이는 마치 사나운 독수리가 세찬 기세로 먹이
를 낚아채는 것과 같은 이치이다.

⑤ 그는 전투에 있어서 지형을 잘 이용해야 함을 강조하고
있다. 사실 지난 날의 명장들이 거둔 승리가 대부분 지형
에 대한 지식과 연관되어 있다. 그리고 이는 무기체제가
발달한 오늘날에도 무시할 수 없는 교훈인 셈이다.

⑥ 그는 전쟁의 본질을 속임수라고 갈파한다. 따라서 가까운
데를 노리면서도 먼 데를 노리듯 하고, 능력이 있으면서
도 능력이 없는 시늉을 하며, 때로는 저자세로 적을 교만
케 해야 한다. 그리하여 적의 경계와 대비태세가 느슨해
지면 단 한 번의 기습으로 그들을 섬멸하는 것이다.

⑦ 그는 통치권자가 장수의 재량권에 간섭해서는 아니됨을
강조한다. 물론 대국적인 전략을 짜고 장수를 임명하며
선전포고를 함은 통치권자의 권한이다. 그러나 일단 전쟁
이 벌어진 상황에서 개별적인 전투를 어떻게 치르어야 할
지는 현지 사령관이 결정할 문제일 것이다. 왜냐하면 싸
움터란 늘 시시각각으로 변하는 상황이므로 장수가 그때
그때 적절하고도 신속한 조처를 취하지 않으면 승리할 수
없기 때문이다.

⑧ 그는 첩보활동을 중요시하고 있다. 이는 적의 실정을 제
대로 파악해야만 필승의 전략을 꾸밀 수 있기 때문이다.
따라서 적의 첩자를 포섭하여 내 편을 위해 일하게 하며,

적지에 첩보망을 만들고, 우리에게 침투한 적의 간첩조직
을 철저히 색출해야만 한다.

⑨ 그는 무력에 의한 승리를 하책(下策)으로 삼고 있다. 이
는 무력 충돌은 흔히 승리자에게도 적지 않은 피해를 안
겨다 주며, 그것은 곧 새로운 전쟁으로 이어지는 경우가
많기 때문이다.

이와 같은 손자의 전쟁관은 19세기 프로이센의 전략가 크라
우제비츠의 전쟁론(1832년)과는 대조를 이룬다. 크라우제비츠
는 전쟁은 정치의 수단이며 상대방 전투력의 철저한 분쇄에
의해 승리를 거두어야 함을 강조했다. 그러나 동서의 냉전체
제가 허물어진 이때 경제력과 군사력의 우위를 통하여 싸우지
않고 적을 굴복시켜야 한다는 손자의 지론은 우리에게 시사하
는 바가 큰 것이다.

일러두기

1. 이 책은 손자병법 13편을 번역·주해한 것이다.
2. 원문의 번역은 되도록 쉬운 말로 서술하였으며 토는 주로 조선시대의 고토(古吐)를 사용하였다.
3. 어려운 낱말에는 주(註)를 달아 독자들의 이해에 도움이 되도록 했다.
4. 해설(解說)에는 동서양의 여러 사서에 수록된 전쟁에 관한 기사를 삽입한 데도 있다.
5. 해제는 ⑴손자병법의 성립 ⑵손자의 생애 ⑶손자의 전략 사상의 순으로 하여 독자들의 이해를 도왔다.

1. 시계편(始計篇)

전쟁에는 국가의 흥망과 국민의 생사가 달려 있으므로 사전에 이를 신중히 검토해야 한다. 그러므로 손자는 다섯 가지 항목을 고려한 후 일곱 가지 계책으로 나와 상대방을 비교·분석할 것을 제시하고 있다. 그는 또한 용병(用兵)이란 임기응변의 책략으로 적을 속이는 것이라고 하였다. 풍부한 식견과 예리한 분석력으로 전쟁의 본질을 말하고 있는 이 편은 손자 열세 편의 총론인 셈이다.

1

손자(孫子)가 말하였다.

전쟁은 나라의 중대한 일이다. 즉 백성들의 생사와 사직의 존망이 달려 있다. 따라서 이를 신중하게 살펴야 할 것이다.

孫子曰 兵者는 國之大事라. 死生之地하며 存亡之道니 不可不
손자왈 병자　　국지대사　　사생지지　　　존망지도　　불가불

察也라.
찰야

❦

병(兵) : 무기, 군인, 전쟁.
존망(存亡) : 존립과 멸망.
찰(察) : 신중하게 살핌.

〈풀이〉

전쟁은 나라의 존망과 국민의 생사가 달려있는 중대한 일이다. 따라서 위정자는 이를 신중히 살펴야 할 것이다. 역사는 무모하게 전쟁을 일으켜 국토가 파괴되고, 백성을 살상과 굶주림의 생지옥으로 몰고 간 위정자들이 많음을 증언하고 있다.

예컨대 춘추전국시대 중국의 임금들이나 17·8세기 유럽의 군주들은 자신들의 공명심을 채우기 위해 전쟁을 일삼았던 것이다. 역사가는 그들의 그와 같은 작태를 '왕들의 스포츠'로 풍자하였다. 그러므로 전쟁문제는 늘 신중하게 검토해야 한다는 손자의 말에는 천금의 무게가 실려 있는 것이다.

2

그러므로 다섯 가지 항목으로써 기준을 삼고, 일곱 가지 계책으로써 나와 상대방을 헤아려 그 실정을 찾는다.

故로 經之以五事하고 校之以七計하여 而索其情하나니라.
고   경지이오사   교지이칠계   이색기정

❖

경(經) : 일정한 기준.
교(校) : 나와 상대방의 전력(戰力)을 비교함.
칠계(七計) : 일곱 가지 계책.
색기정(索其情) : 그 실정을 탐색함.

〈풀이〉

　손자는 싸우기 전에 반드시 다섯 가지 항목과 일곱 가지 계책으로써 나와 상대방의 전쟁 수행 능력을 비교해야 함을 말하고 있다. 유능한 장군의 화려한 승전은 늘 이런 것에 의존했던 것이다.

3

　다섯 가지 항목이란 첫째는 도(道), 둘째는 하늘, 셋째는 땅, 넷째는 장수, 다섯째는 법이다.

一曰道요 二曰天이요 三曰地요 四曰將이요 五曰法이니라.
일왈도　 이왈천　　 삼왈지　 사왈장　　 오왈법

〈풀이〉

　손자는 전략수립의 근거로 도(道), 하늘, 땅, 지휘관, 법도의 다섯 항목을 들고 있다. 이에 대한 구체적인 내용은 다음 장에서 살펴보기로 하자.

4

　도(道)란 백성들로 하여금 임금과 한마음·한뜻이 되도록 하는 것이다. 따라서 그들은 임금과 함께 죽을 수도 있고 살 수도 있어, 위태로움을 두려워하지 않는 것이다.

道者는 令民與上同意하여 可與之死하며 可與之生하여 而不畏
도자　 영민여상동의　　　가여지사　　　가여지생　　　이불외

危也라.
위야

❖

상(上) : 임금, 군주.
불외(不畏) : 두려워하지 않음.

〈풀이〉

백성들로 하여금 임금을 위해 목숨을 바칠 수 있게 하기 위해서는 평상시 그 임금의 정치가 공명정대해야 하는 것이다. 즉 공을 세운 사람에게는 반드시 포상을 하고 법을 어긴 자에게는 반드시 처벌이 따라야 한다. 또한 능력에 의해 인재를 등용하며, 만사를 잘 가려 그 근본을 다스려야 한다. 거짓을 버리고 진실을 밝히며 예의로써 백성에 임할 때 비로소 상하가 한마음·한뜻이 될 수 있다. 이제 백성들은 공동운명체에 대한 소속감으로 기꺼이 싸움터로 달려갈 수 있는 것이다.

5

하늘이란 흐림과 맑음, 추위와 더위와 같은 계절과 기후의 변화에 따른 자연현상 전체를 가리키는 것이다.

天者는 陰陽寒暑時制也니라.
천자   음양한서시제야

❖

음양(陰陽) : 흐림과 맑음, 장마와 가뭄 등의 기후 변화.
한서(寒暑) : 추위와 더위.

시제(時制): 계절의 변화를 싸움에 적절히 이용함.

〈풀이〉

계절과 기후의 변화에 따른 자연현상의 맹위로 패배의 쓴 잔을 마신 전형적인 예로써 나폴레옹의 러시아 원정을 들 수 있겠다. 총 50만 명으로 편성된 이 군대는 불·독·스위스·폴란드 등지에서 징집한 혼성부대였다.

1812년 봄 폴란드를 횡단한 나폴레옹은 속전속결을 꾀하고 있었다. 이런 그의 의도와는 달리 러시아군은 전투의 회피와 초토작전으로 원정군을 지치게 하였다. 그러나 바르클라이의 후임으로 러시아군 사령관이 된 쿠투조프는 모스크바 방위를 위해 나폴레옹 군대와 결전을 치르었다. 이 싸움에서 러시아군은 6만의 전사자를 남기고 물러갔다. 나폴레옹 군대는 1812년 9월 모스크바에 입성하였다. 그러나 이때 모스크바 시내에 큰 불이 일어나며 원정군은 식량의 부족 등으로 고통을 받게 된다.

나폴레옹은 러시아 황제 알렉산더 1세의 항복을 기대했으나 이는 소용 없는 일이었다. 이제 본격적인 추위가 닥친 10월 중순 나폴레옹은 군대를 철수시켜야 했다. 이때 쿠투조프가 이끄는 10만의 러시아군은 퇴각하는 침략군을 기습하여 큰 손상을 입힌다. 추위와 배고픔, 적군의 기습에 지친 나폴레옹 원정군이 1812년 12월 폴란드 영내에 들어섰을 때는 떠날 당시 병력의 4분지 1이 못되었다 한다. 이 원정의 실패로 나폴레옹의 유럽 제패는 종지부를 찍게 된다. 그러나 나폴레옹의 실패는 제3제국의 총통 아돌프 히틀러에게 아무런 교훈도 주지 못하였다. 그도 또한 막강한 독일군을 러시아에 투입하여(1941년 6월) 똑같은 패배를 맛보게 되는 것이다.

6

땅이란 먼 곳과 가까운 곳, 험한 곳과 평탄한 곳, 넓은 곳과 좁은 곳, 죽는 곳과 사는 곳 등을 말한다.

地者는 遠近險易廣狹死生也니라.
지자   원근험이광협사생야

원근(遠近) : 거리가 먼 지역과 가까운 지역.
험이(險易) : 지세가 험난한 곳과 평탄한 곳.
광협(廣狹) : 넓은 지역과 좁은 지역.
사생(死生) : 물러날 수 없는 불리한 곳과 유리한 곳.

〈풀이〉

지휘관은 작전지역의 지형을 잘 연구하여 이를 공격과 방어에 최대한 활용해야 한다. 을지문덕의 살수대첩(612년)이나 강감찬의 구주대첩(1019년) 등이 그런 경우에 해당될 것이다. 또한 명장은 불리한 지형에 포진하고서도 오히려 승리를 거둔다.

예컨대 한신은 배수진(背水陣)으로 조나라 군사를 무찔렀다. 그는 군사를 사지(死地)에 빠뜨린 뒤 결사적으로 싸우게 하여 이긴 것이다. 그러나 이는 지모가 뛰어난 장수의 특별한 전술일 뿐 보편적으로 흉내낼 수 있는 게 아님은 물론이다.

7

　장수는 지혜, 신의, 인자, 용기, 엄정의 다섯 가지 덕목을 갖추어야 한다.

將者는 智信仁勇嚴也니라.
장자　　지신인용엄야

〈풀이〉

　손자는 장수가 갖추어야 할 다섯 가지 덕목에 대해 말하고 있다. 첫째는 지혜이다. 이는 전쟁의 본질이 사병들의 싸움이라기보다는 장수의 두뇌싸움이기 때문이다. 둘째는 신의이다. 신의를 저버리는 장수는 그 누구의 신뢰와 협조도 받지 못하게 될 것이다. 셋째는 인자함이다. 장수가 평소 부하들에게 인간적인 배려를 아끼지 않을 때 그들도 싸움터에서 그 보답을 하게 되는 것이다. 넷째는 용기이다. 장수는 불리한 환경에서도 용감히 싸워야 한다. 그러나 자신의 용맹만 믿는 저돌적인 장수에게는 큰 일을 맡길 수 없을 것이다. 이는 경솔하게 싸우는 자는 적의 계략에 쉽사리 말려들기 때문이다. 다섯째는 엄정(嚴正)함이다. 장수는 엄격하고 공정하게 부하를 통솔해야 한다. 장수가 부하들에게 베풀기만 하고 엄정하지 못할 경우 이는 버릇없는 자식이 어버이의 은덕을 모르게 되는 것과 같다. 따라서 명령을 어기는 자에 대해서는 엄하게 처벌하여 군기를 바로잡아야 한다. 이상의 다섯 가지 덕목과 자질을 갖춘 장수라면 군인이기 이전에 민간인로서도 **훌륭한 인물**임에 틀림이 없을 것이다.

8

법이란 군대의 편성, 직제, 군수품의 조달 등을 말한다.

法者는 曲制官道主用也니라.
법자   곡제관도주용야

❖

곡제(曲制) : 군의 편성과 조직.
관도(官道) : 군의 직무와 직위에 관한 제도.
주용(主用) : 군수품의 조달과 관리.

9

무릇 이 다섯 가지 항목에 대해서는 장수라면 듣지 못
한 이가 없을 것이다. 이를 제대로 이해하는 자는 이기고,
이해하지 못하는 자는 이기지 못한다.

凡此五者는 狀莫不聞하나니 知之者는 勝하며 不知者는 不勝이
범차오자   장막불문   지지자   승   부지자   불승
니라.

〈풀이〉

이 다섯 가지 항목에 대해서는 장수라면 누구나 잘 알
고 있다고 생각하는 것들이다. 그러나 이를 제대로 이해하
고 실전에 응용한다는 것은 결코 쉬운 일이 아니다. 싸움
터에는 그만큼 변수가 많기 때문이다. 따라서 평소 병서를
많이 읽어 스스로 이론에 통달했다고 자부하는 자도 막상

실전에서는 참패를 당한 예가 많은 것이다. 그러므로 위정자는 탁상의 전술가와 실전을 감당할 인재를 가리는 안목을 갖추어야 할 것이다.

10

   그러므로 일곱 가지 계책으로써 나와 상대방을 비교하여 그 실정을 탐색하는 것이다. 즉 임금은 어느 편이 더 정치를 잘 하는가? 지휘관은 어느 편이 더 유능한가? 기후와 지형은 어느 편에 더 유리한가? 법령은 어느 편이 더 철저히 시행하고 있는가? 병력은 어느 편이 더 강한가? 사졸들은 어느 편이 더 잘 훈련되어 있는가? 상과 벌은 어느 편이 더 공정한가? 나는 이와 같은 것들로 미리 승부를 알 수 있다.

故로 校之以計하여 而索其情이니라. 曰 主孰有道하고 將孰有能
로　교지이계　　　이색기정　　　왈 주숙유도　　　장숙유능

하며 天地孰得하고 法令孰行하며 兵衆孰强하고 士卒孰練하며
　　천지숙득　　　법령숙행　　　병중숙강　　　사졸숙련

賞罰孰明이니라. 吾以此로 知勝負矣니라.
상벌숙명　　　　오이차　　지승부의

                ❖

교(校) : 비교함.
주(主) : 임금, 통치자.
숙(孰) : 누가.
득(得) : 유리함.
명(明) : 분명함, 공정하다는 뜻.

〈풀이〉

여기서 손자는 일곱 가지 계책으로써 피아(彼我)의 전력을 비교해 보면 싸우기 전에 미리 승패를 알 수 있다고 말한다.

즉 ① 임금은 어느 편이 더 나라를 잘 다스리는가?는 근대적 의미의 총력전 이전에도 전쟁은 백성들의 자발적인 협력 없이는 이길 수 없었다. 따라서 평소에 선정을 베풀어 민심을 얻고 있는 측이 전쟁 수행에 유리함은 물론이다. ② 장수의 능력은 승패를 직접 판가름하는 열쇠가 된다. 예컨대 남송의 명장 악비(岳飛)는 금나라 군사와 크고 작은 전투를 백번 치르어 단 한 번도 진적이 없었다. 그러므로 금군은 산을 움직이기는 쉬워도 악비의 군대를 움직이기는 어렵다고 했다. 그가 간신 진회에 의해 감옥에서 피살되자(1141년) 금나라 군사들은 술을 마시며 좋아했다고 한다. 이들을 두렵게 한 것은 송나라가 아니라 악비였던 것이다. ③ 기후와 지형적인 조건도 전쟁의 승패에 변수로 작용하고 있다. 예컨대 원세조(元世祖)의 두 차례에 걸친 일본원정(1274년 10월, 1281년 7월)은 태풍 때문에 실패하였다. 만일 이때 원나라 수뇌부가 기후에 대한 지식이 있었다면 그와 같은 무모한 원정은 시도하지 않았을 것이다. 또한 몽고병이 고려를 침략할 당시 최우(崔瑀)는 수도를 강화도로 옮기며(고종 19년, 1232년) 그 예봉을 피하였다. 이는 몽고인들이 기마전에는 능하나 수전에는 약한 점을 이용한 것이다. 이리하여 고려는 무려 40년 동안이나 몽고와의 항쟁을 계속할 수 있었다. ④ 법령은 '어느 편이 철저히 시행하고 있느냐?'도 중요하다. 이는 넓은 의미에서 군대의 편성과 조직의 효율성을 말한 것이다. 명령계통이 제대로 서 있고 합리적으로 운영되는 군대는 그만큼 강력한 집단인 셈이다. ⑤ 병력은 '어느 편이 더 강한가?'와 ⑥ 사졸은 '어느 편이 더 잘 훈련되어 있는가?'는 병력의 숫적인 우세와 질적인 우세 여부를 말한 것이다. 적보다 숫적으로 우세한 군대가 훈련도 더 잘 되어 있다면 막강하다. ⑦ 또한 상과 벌의 공정한 시행도 중요한 문제이다. 손자가 군령을 따르지 않는 임금의 총희를 베어 여인부대를 통솔한 것이나 제갈량이 가정(街亭) 패전의 책임을 물어 마속을 참수한 것(건흥 6년, 228년)은 상과 벌을 공정하고 엄격하게 시행해 군심을 다스리고자 한 것이다. 이상과 같은 손자의 전력에 대한 비교와 분석은 지극히 냉철하고 합리적이다.

11

장수가 나의 계책을 들어 쓴다면 반드시 승리할 것이다. 그러므로 나는 머무르리라. 장수가 나의 계책을 쓰지 않는다면 반드시 패배할 것이다. 따라서 나는 떠나리라.

將聽吾計用之면　必勝이니　留之하고　將不聽吾計用之면　必敗니
장 청오계용지　　필승　　　유지　　　장불청오계용지　　　필패

去之니라.
거지

❖

장(將) : 장수, 여기서는 군주를 뜻함.

청(聽) : 듣다. 계책을 따름.
용지(用之) : 채택하면, 쓰면.

〈풀이〉

손자는 오왕 합려가 자신의 계책을 채택한다면 머무를
것이요, 채택하지 않으면 떠날 결심을 하고 있다. 이는 자
신의 필승전략에 대한 확고한 신념의 피력이기도 하다. 이
시대의 군주들은 널리 인재를 등용하여 부국강병을 이루고
자 하였다. 따라서 그는 다른 나라에 가서라도 자신의 재
능을 발휘할 길을 찾고자 한 것이다. 결국 손자는 합려에
게 등용되어 자신의 전쟁철학을 시험할 기회를 얻게 된다.

12

계책이 유리하고 장수가 이를 받아들이면 곧 형세를 이
루어 외부의 도움을 받게 된다. 형세란 이로움을 근거로
상황에 따라 책략을 쓰는 것이다.

計利以聽이면 乃爲之勢하여 以佐其外하나니라. 勢者는 因利而
계 리 이 청   내 위 지 세   이 좌 기 외   세 자   인 리 이

制權也니라.
제 권 야

❈

위지세(爲之勢) : 형세를 이룸, 형세를 이롭게 만듦.
좌(佐) : 돕다, 원조하다.
외(外) : 외부, 외국.
제권(制權) : 권변(權變)을 다스림. 임기응변으로 일을 처리함.

〈풀이〉

전쟁이란 단순히 무력충돌로만 결판이 나는 것은 아니다. 사전에 유력한 나라와의 동맹관계나 국제 여론을 자국에 유리하게 조성하는 일도 승패에 큰 몫을 차지한다.

러일전쟁시(1904~5) 일본은 대영제국과 맺은 동맹(1902년 영일동맹)으로 큰 도움을 받게 된다. 러시아의 발틱함대는 영국이 관할하고 있는 수에즈 운하를 이용하지 못한 채 먼 희망봉을 돌아 인도양에 진입해야 했다. 또한 일본은 영국으로부터 작전에 도움이 될 정보도 제공받은 바 있다. 그러므로 영국과 동맹을 맺지 못했다면 일본은 러시아와 훨씬 힘겨운 싸움을 치르어야 했을 것이다.

국제 여론을 자국에 유리하게 조성하여 전쟁에 큰 도움을 받은 나라도 적지 않다. 물론 이 일을 위해서는 의롭고도 타당한 명분을 내세울 수 있어야 한다. 이는 국가전략의 차원에서 철저한 준비를 필요로 하는 것이다.

13

병법은 임기응변의 속임수다.

兵者는 詭道也니라.
병자　궤도야

❖

궤도(詭道) : 그때 그때의 상황에 따른 속임수로 적을 제압함. 임기응변의 술책으로 적의 허점을 공격함.

〈풀이〉

'죽느냐? 사느냐?'를 판가름하는 전쟁은 어차피 상도(常道)에서 벗어난 행위이다. 따라서 필승을 위한 전략과 전술의 구사에는 수단과 방법을 가릴 필요가 없다. 다만 최소한의 희생으로 최대한의 전과를 거두어야 한다. 그러기 위해서 유능한 장수는 강한 적을 상대로 정면으로 승부를 가리고자 하지 않는다. 그는 늘 적의 방심을 유도해 그 허점을 찌르는 것이다. 그러므로 손자는 용병(用兵)이란 임기응변의 속임수라고 갈파하고 있다. 이는 곧 손자 열세 편 6천 6백자의 핵심적 개념이기도 하다.

14

그러므로 능하면서도 능하지 못한 것처럼 하고, 쓰면서도 쓰지 않는 것처럼 한다. 또한 가까운 데를 노리면서도 먼 데를 노리는 시늉을 하고, 먼 데를 노리면서도 가까운 데를 노리는 시늉을 한다.

故로 能而示之不能하고 用而示之不用하며 近而示之遠하고 遠
고   능이시지불능   용이시지불용   근이시지원   원

而示之近하니라.
이시지근

〈풀이〉

옛날 정나라의 무공(武公)은 호나라를 치고자 했다. 그래서 그는 우선 자기 딸을 호나라 군주에게 시집을 보내어 그 마음을 즐겁게 해주었다. 이렇게 하고는 여러 신하

들에게 물었다.

「나는 용병을 하고자 한다. 과연 어느 나라를 쳐야 하는가?」

이에 대부인 관기사(關其思)가 대답하였다.

「호나라를 쳐야 합니다.」

무공은 몹시 화를 내며

「호나라는 우리와 형제의 나라이다. 네 놈이 어찌 치라고 하는가?」하고는 관기사를 죽여버렸다.

호나라의 군주가 이 소식을 전해 듣고는 정나라를 우방으로 여기고 마침내 방비를 하지 않았다. 정나라 무공은 이런 허점을 놓치지 않고 호나라를 쳐서 빼앗고 말았다. 무공은 딸을 주고 조정중신을 살해하여 호나라 군주를 믿게 한 것이다. 이렇게 전쟁은 상대방을 속일 수 있어야만 이길 수 있다. 용병(用兵)의 본질이 기만과 술책임을 장수된 이는 늘 잊지 말아야 할 것이다.

15

적을 이롭게 하여 꾀어내며, 적을 교란한 후 공격해 빼앗는다. 또한 적이 견실하면 이에 잘 대비하고, 적이 강하면 싸움을 피해야 한다.

利而誘之하고 亂而取之하며 實而備之하고 強而避之하며
이이유지　　　난이취지　　　실이비지　　　강이피지

❦

유(誘) : 유인함, 꾀어냄.

난(亂) : 적의 내부를 교란시킴.

〈풀이〉

미끼를 던져 적을 유인하거나 적의 내부를 교란한 후 쳐서 빼앗는 것은 용병가들이 흔히 쓰는 술책이다. 또한 장수는 견실한 적에 대해서는 잘 대비하고, 적이 강하면 싸움을 피하며 약해질 때까지 기다려야 한다. 그리하여 아군이 전략적인 우위를 확보하게 되었을 때 총공격을 감행하는 것이다. 이를 위해서는 사전에 고도의 책략과 속임수를 구사해야 한다.

도요토미 히데요시의 사후에 일본의 새로운 지배자가 된 도쿠가와 이에야스는 오오사카 성의 공략에 이와 같은 솜씨를 유감 없이 발휘하였다(1614~1615).

그는 히데요시의 아들인 히데요리가 교토의 호코사 종에 새긴 글이 바로 자신을 저주한 것이라고 생트집을 잡아 군사를 일으켰다. 이때 오오사카 성에는 히데요리, 요도기미 (히데요시의 애첩이며 히데요리의 생모)와 고토, 죠소가베, 사나다 등 이에야스 세력에 의해 몰락한 대명들과 낭인(영주 없는 무사)들이 집결해 있었다. 이들의 병력은 9만이며 오오사카 성의 방어시설은 견고하였다. 이에야스는 20만 대군으로 오오사카 성을 몇 차례 공격했으나 적군에게 별다른 타격을 줄 수 없었다. 꾀많은 이에야스는 이들과의 정면 충돌을 피하기로 하고 화의를 제안한다. 그런데 그 화의조건에는 함정이 있었다. 즉 오오사카 성의 바깥 해자 (垓字)를 메워야 한다는 것이다. 해자란 성 박으로 둘러서 판 못으로 방어에 중요한 구실을 하는 것이다. 한편 히데요리 측에서는 화의에 반대하는 사람들도 적지 않았다. 그러나 결국 화의를 받아들이는 쪽으로 의견이 모아졌다.

이에야스의 병사들은 화의가 성립되자마자 오오사카 성의 바깥 해자를 메우기 시작하였다. 그리고는 안쪽의 해자마저 메웠다. 이에 오오사카 성은 방어기능을 잃게 된다. 히데요리는 이에야스의 계략에 말려든 것을 알았지만 사태를 돌이킬 수는 없었다. 이렇게 적의 방어태세를 약화시킨 후 이에야스는 히데요리가 받아들일 수 없는 요구조건을 내놓는다. 즉 히데요리가 오오사카 성에서 떠나든지 또는 성중에 있는 낭인들을 내쫓아야 한다는 것이다. 히데요리는 이 제안을 거절하였다. 이에야스는 화의의 협약을 위반했다는 구실로 다시 오오사카 성을 공격하였다(1615년 여름).

히데요리와 고토, 기무라 등의 무장들은 용감히 싸웠다. 그러나 이미 방어기능을 잃은 성은 며칠 동안의 격전 끝에 함락되고 만다. 이 패전으로 히데요리와 그의 어머니 요도기미는 스스로 목숨을 끊어야 했다. 용의주도한 이에야스는 마침내 토요도미씨의 잔존세력을 없애고 에도막부의 통치기반을 공고히 다진 것이다.

16

적을 성나게 하여 어지럽히고, 스스로를 낮추어 적을 교만하게 만든다.

怒而撓之하고 卑而驕之하며
노 이 요 지   비 이 교 지

〈풀이〉

꾀많은 장수는 아군의 도전에 응하지 않는 적장을 성나게 한 후 싸움터로 끌어 들인다. 이럴 경우 냉정을 잃은 측이 손해를 보기가 쉽다. 따라서 적장이 침착하고 지모가 뛰어난 자라면 이런 술수에는 결코 말려들지 않을 것이다. 또한 슬기로운 지휘관은 강한 적과는 정면 충돌을 피한 채 스스로 비굴한 태도를 보인다. 그리고 값비싼 선물 등을 보내어 적장의 비위를 맞추어 준다. 이럴 경우 적장이 자부심이 강하고 또한 사려가 깊지 못한 자라면 적군을 멸시하는 마음으로 그 방비태세를 소홀히 할 수도 있다. 만일 적에게 이와 같은 틈이 보이면 번개같은 기습으로 적을 쳐부수는 것이다. 속임수에 의한 작전은 의레 완벽한 승리가 된다.

17

편안한 적은 지치게 한다.

佚而勞之하고
일 이 로 지

〈풀이〉

222년 봄 촉한의 임금 유비는 군사 4만을 이끌고 오나라로 진격하였다. 이는 형주를 지키던 관우가 오장 여몽의 계략에 말려들어 패사한 것에 대한 설욕전이었다. 노장 조자룡의 반대의견이나 처사 진복(秦宓)의 상서도 유비의 보복 의지를 꺾을 수는 없었다. 유비는 이도(夷道)와 효정

(琥亭)을 쳐서 빼앗고 무협에서 이릉까지 150리에 걸쳐 진을 쳤다.

한편 오나라에서는 유비 진영에 사신을 보내어 이번 싸움이 두 나라에 다같이 이롭지 못함을 설득하였다. 그러나 이와 같은 조치는 유비의 분노만을 더해줄 뿐이었다. 이에 오주 손권은 위나라를 상국으로 섬기기로 하고, 서둘러 그들과 동맹을 맺는다. 이는 위와 촉한이 연합하여 쳐들어온다면 막아낼 도리가 없기 때문이다.

그리고 육손을 사령관으로 임명하여 유비의 침공을 막기로 했다. 육손은 긴장하는 부하들을 이렇게 달래었다.

「촉군은 지금 산길을 강행군하여 지치고 있다. 우리는 수비에 치중하면서 이들이 좀더 지치고 해이해 질 때를 기다려야 한다.」

그러나 부하들은 전투를 미루고 있는 사령관을 겁쟁이로 생각할 뿐이었다.

시일이 흐르자 계절도 바뀌어 여름이 되었다. 그동안 촉군이 몇 차례 싸움을 걸어왔으나 육손은 굳게 지킬 뿐 이에 응하지 않았다. 날씨가 무더워지자 촉군은 더위에 지친 몸을 나무 그늘에서 쉬고 있었다. 적군의 이와 같은 동태를 살핀 육손은 곧 작전을 개시하였다. 그는 모든 병사들에게 불타는 띠 한 묶음을 지니고 적진으로 쳐들어가게 했다. 이 기습으로 촉군의 전 진영은 이내 불바다가 되고 만다. 촉군 도독 풍습과 전도독 장남(張南)은 전사하였다. 이에 마안산에서 오군에 포위당한 유비는 밤중에 겨우 백제성으로 피신할 수 있었다. 이 싸움에서 유비의 군대는 궤멸되고 식량과 무기 등도 잿더미가 된다. 육손은 싸움을

미룬 채 적군의 피로와 해이해짐을 기다려 통쾌한 승리를
거둔 것이다.

18

적들이 친밀하면 그 사이를 벌어지게 한다.

親而離之하여
친 이 리 지

〈풀이〉

신뢰와 의리로서 맺어진 적의 인간관계를 무너뜨리는
것은 참으로 효과적인 전술이다. 초패왕 항우가 그의 참모
범증을 파면한 것이나, 위나라 조정이 사마의의 병권을 일
시 박탈한 것도 이런 경우에 해당된다. 이간책은 상대방의
내부에 불화를 조성하여 그 전력을 급속히 약화시키는 것
이다.

19

적의 무방비를 공격하고 경계하지 않을 때에 쳐들어 간다.

攻其無備하고 出其不意하나니
공 기 무 비 　　출 기 불 의

❖

불의(不意) : 뜻하지 않음. 경계가 소홀하다는 뜻.

〈풀이〉

1940년 4월 독일군은 거의 무방비상태인 덴마크와 노르웨이를 바다와 하늘의 입체작전으로 점령하였다. 이로써 그들은 영국에 대한 잠수함 작전과 공중공격의 기지를 얻게 된다. 또한 다음달에는 벨기에와 네델란드도 신속하게 정복한다. 한편 독일의 최정예 기갑군단은 남부 벨기에의 아르덴느를 통과하여 프랑스의 경사가 느린 평원을 물밀듯 질주하였다. 원래 이 지역은 산림이 울창한 구릉지대로 탱크의 통과가 불가능한 곳으로만 인식되었다. 따라서 독일군은 주공(主攻)을 중부 벨기에 방향을 거쳐 행하도록 했으며, 프랑스군도 적군이 아르덴느를 거쳐 진격하리라고는 예상하지 못했다. 그러나 작전을 변경한 독일군은 연합군의 허를 찌른 것이다.

그들은 불과 2주일 만에 도버해협까지 진출하여 영·불·벨기에의 연합군을 분리시킨다. 그리하여 1940년 6월 22일에는 프랑스와 휴전조약을 체결한다. 독일군이 연합군 100만을 생포하고 프랑스 영토의 5분의 3을 정복하는데 걸린 시일은 총 6주간이었다. 이는 신속한 기동력으로 적의 방비가 허술한 곳을 공격하여 거둔 승리이다.

20

이는 병가의 이기는 비결이므로, 적에게 미리 알려져서는 아니된다.

此는 兵家之勝이니 不可先傳也니라.
차 병가지승   불가선전야

〈풀이〉

이런 계략은 전쟁에 능한 자의 이기는 비결이다. 그러므
로 적에게 알려져서는 아니된다. 사실 아무리 완벽한 작전
계획이라도 일단 적에게 파악되면 이길 수 없다. 따라서
기밀 유지의 능력여부가 곧 전쟁 수행 능력의 중요한 부
문임은 재론할 필요가 없는 것이다.

21

싸우기 전에 전략회의에서 전력이 우세하면 이길 확률이
높고, 싸우기 전에 전략회의에서 전력이 미약하면 이길 확
률이 낮다. 전력이 우세하면 이기고 전력이 미약하면 이기
지 못한다. 하물며 승산이 없는 경우에야 더 말할 필요조
차 없다. 나는 이런 것으로 승패를 미리 내다보는 것이다.

夫未戰而廟算하여 勝者는 得算多也하고 未戰而廟算하여 不勝
부미전이묘산   승자 득산다야   미전이묘산   불승

者는 得算少也니라. 多算은 勝하며 少算은 不勝이니 而況於無
자 득산소야   다산 승   소산 불승   이황어무

算乎아. 吾以此觀之면 勝負見矣로다.
산호   오이차관지   승부견의

묘산(廟算) : 군주와 신하는 출병에 앞서 종묘에 이 일을 고하고
  전략에 관해 의논함. 묘산은 이 때의 승리에 대한 산정(算定)
  을 가리킴.

황(況) : 하물며.

〈풀이〉

옛날에는 출병하기 전에 임금과 신하가 이를 종묘에 아뢰고, 아국과 적국의 전쟁 수행 능력 및 전략에 대해서 논의하였다. 전력이 우세한 측은 이길 확률이 높고 열세한 측은 이길 확률이 낮다. 제갈량의 네 차례에 걸친 북정이 실패한 것은 촉한과 위나라의 전력 격차에도 그 원인이 있다.

또한 중국 역사상 양자강 이남에서 일어난 정권이 중원을 장안한 것은 주원장시대(명나라시조)에 와서야 가능하였다. 이는 화북지방의 물적·인적자원 곧 전쟁 수행 능력이 그만큼 압도적이었다는 뜻이다. 태평양전쟁시 일본은 군수품의 생산능력이 훨씬 우세한 미국을 기습하여 초반전에는 주도권을 장악하였다. 그러나 전쟁이 장기화되자 결국은 무릎을 꿇게 된다. 이처럼 전쟁은 사전에 피아(彼我)의 전력 비교에서 이미 승패가 결정되는 것이다.

2. 작전편(作戰篇)

손자는 장기전이 이롭지 못함을 강조한다. 이는 국가 경제의 파탄과 병력의 소모 때문이다. 그리고 이럴 때에 제3국이 침공해 오면 막아낼 도리가 없다. 따라서 전쟁의 장기·소모화는 여러모로 국익을 해친다. 그러므로 그것은 짧은 기간내에 끝내야 하는 것이다.

1

손자가 말하였다.

무릇 전쟁을 하려면 전차 1,000대와 수송차 1,000대, 갑옷 입은 병사 10만에다 천리나 되는 곳으로 군량을 보급해야 한다. 또한 국내외에서 쓰는 돈과 사신의 접대비, 아교와 옻칠의 재료비, 차량과 갑옷의 보충 등 매일 천금의 비용이 든다. 그러므로 이를 감당할 수 있어야만 비로소 10만의 병력을 일으킬 수 있다.

孫子曰 凡用兵之法이 馳車千駟에 革車千乘에 帶甲十萬에 千
손자왈 범용병지법 치거천사 혁거천승 대갑십만 천

里饋糧이요 則內外之費와 賓客之用과 膠漆之材와 車甲之奉에
리궤량 즉내외지비 빈객지용 교칠지재 거갑지봉

日費千金이니 然後에야 十萬之師擧矣니라.
일비천금 연후 십만지사거의

❖

치거(馳車) : 빠르게 달리는 전차.

사(駟) : 말 네 필.

혁거(革車) : 소가죽을 덮어 씌운 군수품을 운반하는 수레.

대갑(帶甲) : 갑옷을 입은 군사.

빈객지용(賓客之用) : 사신의 접대비.

교칠지재(膠漆之材) : 궁시(弓矢)와 갑옷 등을 만드는데 쓰이는
아교와 칠.

〈풀이〉

근대적인 총력전 이전에도 전쟁에는 막대한 비용이 들었다. 즉 빠르게 달릴 수 있는 전차 1,000대와 식량과 무기의 조달, 그리고 이를 싸움터까지 운반하는 수레 등이다. 또한 국내외에서 쓰는 돈과 외교사절에 대한 접대비도 만만치 않다. 따라서 전쟁을 하기 전에 먼저 이와 같은 지출을 감당할 수 있는 경제력부터 길러야 한다.

2

싸움을 함에 있어 이긴다고 하더라도 오래 끌게 되면 군사들이 둔해지고 날카로움이 꺾인다. 그러므로 성을 공격한다 하더라도 힘에 부치게 되고, 오랫동안 군사들을 싸움터에 머물게 하면 곧 나라의 살림이 바닥나게 된다. 무릇 군사들이 둔해지고 날카로움이 꺾이며 전력이 소모되고 재물이 다하면, 제3국의 임금이 그 지친 틈을 타고 쳐들어 올 것이다. 이 때에는 비록 슬기로운 사람이 있어도 그 뒷수습을 제대로 할 수가 없게 된다.

其用戰也에　勝久則鈍兵挫銳하고　攻城則力屈하여　久暴師則國
기용전야　　승구즉둔병좌예　　공성즉력굴　　　구폭사즉국

用不足이니라. 夫鈍兵挫銳하여　屈力彈貨면　則諸候가　乘其弊而
용부족　　　부둔병좌예　　　　굴력탄화　즉제후　　승기폐이

起하나니　雖有智者라도　不能善其後矣니라.
기　　　　수유지자　　　불능선기후의

❖

둔병(鈍兵)：병사들의 사기가 저하됨.
좌예(挫銳)：병사들의 날카로운 기세가 꺾임.
폭사(暴師)：군사를 오랫동안 싸움터에 내놓음.
탄화(彈貨)：재정이 바닥나게 됨.

〈풀이〉

　전쟁은 설사 이기더라도 장기전이 되면 여러모로 불리하다. 경제적 손실과 병력의 소모 등 국력의 피폐를 피할 도리가 없기 때문이다. 19세기 초 유럽을 제패했던 나폴레옹도 열강과의 연속적인 전쟁에 휘말려 결국은 패망하고 만다. 이처럼 하나의 전쟁은 또다른 전쟁을 불러들이기 쉬우므로, 그와 같은 극약처방은 되도록 삼가야 한다. 그리고 부득이 무력에 호소하더라도 속전속결로서 마무리지어야 하는 것이다.

3

　그러므로 전쟁은 다소 미흡하더라도 빨리 끝내야 한다. 솜씨있게 싸운다해도 오래 끌게 되면 불리해지는 것이다. 도대체 전쟁을 오래 끌어 나라에 이로웠던 예는 아직 없다. 따라서 전쟁의 해악을 알지 못하는 사람은 전쟁의 이로움도 알 수 없는 것이다.

故로 兵聞拙速이나 未賭巧之久也니라. 夫兵久而國利者는 未之
고   병문졸속   미도교지구야   부병구이국리자   미지

有也니 故로 不盡知用兵之害者는 則不能盡知用兵之利也니라.
유야   고   부진지용병지해자   즉불능진지용병지리야

❖

졸속(拙速) : 다소 미흡하더라도 빨리 마무리 하는 게 좋다는 뜻.

〈풀이〉

영국과 프랑스 사이에 벌어진 백년전쟁(1339~1453)은 역사상 가장 길고도 지루한 싸움이었다. 이 전쟁의 발단은 다음과 같다. 1328년 프랑스 카페왕조의 샤르르 4세(필립 4세의 아들)가 후계자를 남기지 못하고 죽자 그의 종형제 필립 6세가 대권을 이어 발로아 왕조가 시작된다. 이에 대해 필립 4세의 외손자인 영국왕 에드워드 3세(1327~1377 ; 필립 4세의 딸 이자벨 드 프랑스의 소생)는 자신이 프랑스의 왕위계승권자임을 주장한다.

당시 영국은 프랑스의 아퀴테느를 영유하고 있었으며, 또한 빼앗긴 노르망디 지역 등에 대해서도 미련을 버리지 못하였다. 또한 지금의 벨기에와 프랑스 국경지방에 있었던 프란더스 백작국은 영국에서 양모를 수입하여 그 완제품 모직물을 다시 영국에 팔아 이윤을 남기고 있었다. 영국도 이 무역에 대한 관세의 부과로 이익을 챙겼다.

한편 프란더스 백작국 내에서는 계층간의 이해관계로 백작과 부유한 대상인들은 프랑스 왕의 보호를 받고자 했

으며, 영세한 소매상인들은 영국왕의 비호로 자치체제를 이루고자 한다. 이와 같은 복잡한 상황이 이 길고도 지루한 전쟁의 배경이며 원인이 된다.

영국왕 에드워드 3세는 프랑스를 침공하였다. 영국군은 그레시 전투(1346년)에서 이기고 또한 프아티에 전투(1356년)에서도 큰 승리를 거둔다. 영국의 농민으로 이루어진 궁수병들은 프랑스의 중무장 기사군을 활로써 제압한 것이다.

에드워드 3세는 아퀴테느와 칼레이를 영유하기로 협정하고 붙잡힌 프랑스의 임금 존 2세를 석방하였다. 그러나 존 2세가 협정을 지킬 수 없게 되자 또 다시 두 나라는 싸우게 된다. 프랑스는 뒤 게스크랑 원수의 지휘로 영국의 점령지를 보르도와 바이요느로 축소시킨다. 그는 영국군 주력과의 싸움을 피하며 적의 병참선을 차단하고 고립된 부대를 공격하여 큰 전과를 거둔 것이다. 이렇게 전황은 점차 프랑스에 유리하게 진행된다.

그러나 프랑스의 샤르르 5세의 뒤를 이은 샤르르 6세(1380~1422)는 정신이상자로 나라를 다스릴 수 없었다. 이에 임금의 숙부인 부르고뉴공과 임금의 형제인 오르레앙공 사이에는 권력다툼이 벌어진다. 이런 와중에서 영국은 친영적인 부르고뉴파와 동맹을 맺고 다시 싸움을 시작한다. 영국왕 헨리 5세는 아장쿠르전투(1415년)에서 프랑스의 기사군을 격파하고 노르망디를 빼앗는다. 한편 부르고뉴파에게 쫓긴 아르마냐크파(오르레앙파를 가리킴)는 르아르 강 이남에서 왕세자를 내세워 영국 군대와 부르고뉴파와의 투쟁을 다짐한다. 영국왕 헨리 5세는 르왕을 함락시키고(1419년) 프랑스와 트르와 조약을 맺는다(1420년). 이 조약에서 헨리 5세는 프랑스왕 샤르르 6세의 상속자가 된다. 그러나 헨리 5세와 샤르르 6세가 같은 해에 사망하자(1422년) 영국은 다시 프랑스 남부를 공략한다. 이제 프랑스는 국가적 위기에 봉착하게 된 것이다.

바로 이 시기에 샹파뉴와 로렌느지역 사이의 동레미에서 한 소녀가 나선다. 그녀는 바로 쟌 다르크(당시 17세)로 국민들의 잠자는 애국심을 일깨워 준다. 쟌은 오르레앙을 포위한 영국군을 물리치고 왕세자를 랑스의 대사원에서 즉위시킨다(1429년 샤르르 7세). 그러나 그녀는 콩피에뉴에 쳐들어온 적군과 싸우다 불행히도 사로잡히고 만다. 이에 쟌은 종교재판에 회부되어 마녀로 몰려 화형을 당한다(1431년 5월). 이때 그녀의 나이는 열아홉이었다. 그러나 쟌 다르크에 의해 고무된 프랑스군은 영국 군대를 노르망디와 아퀴테에느에서 몰아낸다(1449~1451).

드디어 1453년 이 길고도 지루했던 전쟁은 프랑스의 승리로 마무리 된다. 이 싸움은 기사계급의 몰락과 왕권의 강화 및 국민의식의 성장 등 중세 봉건사회가 근대국가로 발전하는데 이바지한 면도 없지는 않다. 그러나 백 년이 훨씬 넘는 기간 동안 간헐적으로 치르어야 했던 전란으로 두 나라 국민의 경제적 손실과 인명 피해는 참담한 것이었다. 게다가 이 전쟁기간 동안 두 나라는 모두 농민 반란과 흑사병으로 이중의 시련을 겪어야 했다. 만일 이때 전쟁의 주도권을 장악했던 영국 측이 좀더 현명했다면 이와 같은 장기간에 걸친 소모전은 피할 수 있었을 것이다.

4

용병에 뛰어난 이는 백성을 두 번씩이나 징집하지 않고, 군량은 세 번씩이나 보급케 하지 않으며, 장비는 본국에서 조달하지만 군량은 현지에서 구한다. 그러므로 늘 먹을 게 넉넉한 것이다.

善用兵者는 役不再籍하고 糧不三載하며 取用於國하고 因糧於
선용병자   역불재적   양불삼재   취용어국   인량어

敵하나니 故로 軍食可足也니라.
적   고 군식가족야

❖

양불삼재(糧不三載) : 식량을 여러 번 실어오게 하지 않음.
인량어적(因糧於敵) : 군량을 적지에서 빼앗아 조달함.

〈풀이〉

탁월한 장수는 싸움을 속전속결로 매듭지을 수 있다. 따라서 장정을 두 번씩이나 징집하지 않는다. 그리고 무기와 장비는 본국에서 수송해 오면 된다. 그러나 장병들이 날마다 먹어야 할 식량이 가장 큰 문제가 된다. 손자는 이를 현지에서 조달해야 한다고 했다. 그러나 지휘관이 식량문제를 그런 식으로 해결하기 위해서는 최상의 지혜를 짜내야 할 것이다.

5

나라가 전쟁으로 인하여 빈곤해짐은 군수품을 멀리 실

어 보내기 때문이다. 멀리 실어보내면 곧 백성들이 빈곤해
진다. 또한 군대가 가까이 있으면 물가가 오른다. 물가가
오르면 백성의 재력이 바닥난다. 재력이 바닥나면 각 지역
에서 징발이 어려워진다.

國之貧於師者는 遠輸니 遠輸則百姓이 貧하고 近於師者는 貴賣
국지빈어사자   원수   원수즉백성   빈   근어사자   귀매

하니 貴賣則百姓이 財竭하며 財竭則急於丘役이니라.
　　귀매즉백성   재갈   재갈즉급어구역

귀매(貴賣) : 물가가 오름.
구(丘) : 옛날의 토지구획을 기초로 한 행정 단위.
역(役) : 물자와 사람의 동원.

〈풀이〉

　전쟁은 물자와 인원의 보충을 잘 하는 측이 유리하게
마련이다. 그러나 오래 계속되면 백성들의 살림이 궁핍해
지고 물가도 앙등한다. 그러므로 짧은 기간내에 싸움을 마
무리해야 하는 것이다. 또한 물자를 적으로부터 노획하여
보충하는 방법도 있다. 유능한 장수는 뛰어난 전술로 적을
제압하고 그 물자로 아군을 급양하는 것이다.

6

　중원(中原) 땅에 전력이 약해지고 재력이 다하면 집안
은 텅 비게 되고, 백성의 수입 중 7할은 빼앗기게 된다.
나라의 재정은 바닥이 나고 수레는 부서지며 말은 지치게

되고, 갑옷과 투구와 활과 화살 큰 창과 방패와 수레와 소
등도 열에서 여섯을 잃게 된다. 그러므로 슬기로운 장수는
적의 군량을 빼앗아 아군을 먹인다. 적의 군량 1종은 아
군 군량 20종에 해당하고, 적의 말 먹이 1석은 아군의 20
석과 맞먹는 것이다.

力屈財彈하여 中原이 內虛於家하면 百姓之費는 十去其七이요,
역굴재탄　　중원　　내허어가　　백성지비　　십거기칠

公家之費는 破車罷馬하고 甲冑矢弩와 戟楯矛櫓와 丘牛大車는
공가지비　　파거파마　　갑주시노　　극순모로　　구우대거

十去其六이니라. 故로 智將은 務食於敵하나니 食敵一種이 當吾
십거기륙　　　　고　지장　무식어적　　　　식적일종　당오

二十種하고 萁稈一石이 當吾二十石이니라.
이십종　　기간일석　당오이십석

❖

공가(公家) : 나라·국가를 뜻함.

극(戟) : 끝이 갈라진 창.

순(楯) : 방패.

모(矛) : 끝이 세모난 창.

노(櫓) : 큰 방패.

구우(丘牛) : 공전(公田)을 경작하는데 쓰이는 소로, 전시에는 징
　　발됨.

종(種) : 1종은 여섯 섬 너말, 곧 120리터임.

기(萁) : 콩깍지.

간(稈) : 볏집.

석(石) : 중량의 단위. 1석은 120근임.

〈풀이〉

군수품을 먼 싸움터까지 수송하는 일은 비용이 많이 든

다. 또한 평화시라면 오랫동안 쓸 수 있는 것도 전시에는
이내 망가지고 만다. 따라서 적의 군수물자를 노획하여 쓸
수 있다면 그 경제적 이득은 참으로 크다.

7

그러므로 적을 죽이려면 병사들에게 적개심이 있어야
하고, 적에게서 이익을 취하려면 병사들에게 상을 내려야
한다. 싸움터에서 적의 전차 10대 이상을 얻으면 가장 먼
저 얻은 자에게 상을 내린다. 그리고 그 전차의 깃발을 바
꾸어 아군의 대열 속에 합류시킨다. 또한 생포한 적군은
잘 먹여 아군으로 양성한다. 이를 일러 이길수록 더욱 강
성해진다고 하는 것이다.

故로 殺敵者는 怒也오 取敵之利者는 貨也니라. 故로 車戰에 得
고   살적자   노야   취적지리자   화야   고   거전   득

車十乘以上이면 賞其先得者하고 而更其旌旗하여 車雜而乘之하
거십승이상   상기선득자   이경기정기   거잡이승지

며 卒善而養之하나니 是謂勝敵而益强이니라.
졸선이양지   시위승적이익강

정기(旌旗) : 깃발.
거잡이승지(車雜而乘之) : 노획한 전차를 우리 대열에 편입시켜
  아군이 타는 것.
졸선이양지(卒善而養之) : 생포한 적군을 잘 대우하여 우리 군사
  로 만듦.

〈풀이〉

　적군을 살상하기 위해서는 아군에게 조국과 가족을 위해서 싸운다는 사명감과 아울러 적개심을 심어주어야 한다. 저 페르시아 제국과의 전쟁에서 그리이스의 병사들은 이런 마음가짐으로 싸움에 임했던 것이다. 또한 적의 전차를 노획하거나 적군을 생포한 병사에게는 상을 내려야 한다. 노획한 군수물자는 아군이 이용하고, 포로는 잘 대우하여 아군에 편입시킨다. 전투란 어차피 소모행위이므로 이런 방법으로 보충하지 않으면 전력을 유지할 수 없는 것이다.

8

　그러므로 전쟁은 빨리 이기는 게 중요하지 오래 끄는 게 중요하지 않다.

故로 兵貴勝이요 不貴久니라.
고　　병귀승　　　불귀구

〈풀이〉

　전쟁은 공세를 취해야 할 침략군과 이를 격퇴해야 할 방어군으로 나누어 생각할 수 있다. 전자는 의레 단기결전에 의한 승리를 꾀한다. 이는 싸움이 장기 소모전이 될 때 나라의 경제적 피폐와 인명피해 및 병참문제가 부담이 되기 때문이다. 그러나 후자의 입장에서는 강한 침략군과의 정면 대결을 피해야 할 경우가 많다. 그러므로 청야책으로 적이 아군의 물자를 이용하지 못하게 한 후, 그들이 굶주리거나 지치게 될 때 비로소 반격에 나서는 것이다.

한니발(B.C. 247~182)의 침략군을 10여년 만에 이탈리아에서 몰아낸 로마의 집정관 파비우스 막시무스나, 제갈량의 촉군을 이기지 못한 채 물러가게 한 사마의는 지구전으로 성과를 거두었다. 그리고 나폴레옹의 침략군(1812년)을 초토작전으로 격퇴한 러시아군 사령관 쿠투조프의 승리도 적과의 단기결전을 피하며, 싸움을 오래 끌어 조국을 지킨 예에 해당된다. 따라서 이 장의 말씀은 전쟁의 주도권을 장악하고 있는 침략군의 입장에서 속전속결의 유리함을 강조한 것으로 새겨야 할 것이다.

9

따라서 전쟁을 아는 장수는 백성의 목숨을 맡을 수 있고, 나라의 안보를 책임질 수 있다.

故로 知兵之將은 民之司命이요 國家安危之主也니라.
고　　지병지장　　민지사명　　　국가안위지주야

❖

사명(司命) : 사람의 목숨을 주관하는 별.

〈풀이〉

전략과 전술에 뛰어난 장수는 나라의 안보와 백성의 생명을 맡을 수 있는 사람이다. 그러나 군인으로서의 재능은 보잘것없으면서도 처세술과 엽관운동으로 중책을 맡은 자라면 그는 나라의 운명을 위태롭게 한다. 따라서 지휘관의 책임은 참으로 막중한 것이다.

일찍이 촉한의 재상 제갈량은 그의 명저 장원(將苑)에서 장수는 다섯 가지 직무와 네 가지 책임을 완수해야 한다고 했다. 이것이 곧 장수의 오선(吾善)과 사욕(四欲)이다.

오선은 ① 적의 정세를 제대로 분석하며 ② 나아가고 물러가는 방법을 제대로 알고 ③ 아국과 적국의 허(虛)와 실(實)을 제대로 헤아리며 ④ 천시(天時)와 인사(人事)를 제대로 이해하고 ⑤ 지리를 제대로 파악해야 한다.

또한 사욕은 ① 전투를 뛰어나게 잘하며 ② 모의의 기밀이 새지 않도록 하고 ③ 사병들이 군율을 제대로 지키게 하며 ④ 상하의 마음을 한 덩어리가 되게 한다.

이런 일을 잘 처리하는 이에게는 나라의 병권을 안심하고 맡길 수 있을 것이다. 역사에는 유능한 인물이 없어서 망한 나라는 드물어도 유능한 인물을 쓰지 못해 망한 나라는 많았다. 조나라가 노련한 염파 대신 풋내기 조괄에게 지휘관의 직책을 맡겨 군사력을 상실한 것이나, 남송이 악비를 죽이고 오랑캐에게 굴복한 것은 참으로 안타까운 일이었다. 이렇게 명장과 범장(凡將)을 가리는 일은 나라의 운명을 좌우한다.

3. 모공편(謀攻篇)

준비태세를 잘 갖춘 적과는 싸움을 피해야 한다. 왜냐하면 설사 이긴다고 해도 이쪽의 출혈이 너무 크기 때문이다. 유능한 장수는 싸우지 않고도 적을 굴복시킬 수 있다. 이는 적의 계략을 사전에 차단하거나, 교묘한 외교적 책략을 구사하기 때문이다. 또한 무력을 쓸 경우에는 적의 허를 찔러 최소한의 희생으로 큰 전과를 거두어야 한다. 아군의 실력과 적군의 실정을 잘 헤아리는 이는 이와 같은 승리가 가능할 것이다.

1

손자가 말하였다.

무릇 군사를 쓰는 법은 나라를 온전히 하여 굴복시키는 게 으뜸이요, 이를 격파하는 것은 그 다음이다. 군(軍)을 온전히 하여 굴복시키는게 으뜸이요, 이를 격파하는 것은 그 다음이다. 여(旅)를 온전히 하여 굴복시키는게 으뜸이요, 이를 격파하는 것은 그 다음이다. 졸(卒)을 온전히 하여 굴복시키는게 으뜸이요, 이를 격파하는 것은 그 다음이다. 오(伍)를 온전히 하여 굴복시키는게 으뜸이요, 이를 격파하는 것은 그 다음이다. 그러므로 백 번 싸워서 백 번 다 이기는게 가장 좋은 방책은 아니다. 싸우지 않고 적군을 굴복시키는게 가장 좋은 방책이다.

孫子曰 凡用兵之法은 全國爲上이요 破國次之니라. 全軍爲上이
손자왈 범용병지법   전국위상   파국차지   전군위상

요 破軍次之니라. 全旅爲上이요 破旅次之니라. 全卒爲上이요
   파군차지   전려위상   파려차지   전졸위상

破卒次之니라. 全伍爲上이요 破伍次之니라. 是故로 百戰百勝이
파졸차지   전오위상   파오차지   시고   백전백승

非善之善者也오 不戰而屈人之兵이 善之善者也라.
비선지선자야   부전이굴인지병   선지선자야

❖

모공(謀攻) : 계교와 꾀로써 적을 공격함.

전(全) : 손상시키지 않음. 온전히 함.

군(軍) : 1만 2천 5백 명.

여(旅) : 500명.

졸(卒) : 100명.

오(伍) : 5명의 병사.

〈풀이〉

무력에 호소하여 상대방을 굴복시키는 것은 최상책이
될 수 없다. 이럴 경우 아군의 피해도 결코 적지 않기 때
문이다. 따라서 싸우지 않고 적을 굴복시킬 수 있어야만
최상책이 된다. 그러기 위해서는 우선 적보다 강력한 전력
을 갖추어야 한다. 그리고 적의 계략을 미리 차단하며, 적
의 동맹관계를 파괴하는 등 여러 가지 꾀와 계교를 구사
해야 할 것이다. 직접 싸워서 얻는 승리보다는 피를 홀리
지 않고 얻는 승리야말로 가장 바람직하다.

2

그러므로 가장 뛰어난 방법은 적의 계략을 깨뜨리는 일이며, 그 다음은 적의 동맹관계를 끊는 일이고, 그 다음은 적의 군대를 공격하는 일이다. 그리고 가장 뒤떨어진 방법은 적의 성을 직접 치는 일이다.

故로 上兵은 伐謀하고 其次는 伐交하며 其次는 伐兵하고 其下
고   상병   벌모   기차   벌교   기차   벌병   기하
는 攻城하나니
  공성

❖

상병(上兵) : 가장 탁월한 전술.
벌모(伐謀) : 적의 계략을 사전에 깨뜨림.
벌교(伐交) : 교묘한 책략으로 적국의 동맹관계를 끊어 고립시킴.
벌병(伐兵) : 적의 군대를 공격함.

〈풀이〉

서기 642년(선덕여왕 11년) 신라는 백제의 침공으로 대야성을 빼앗기고 또한 백제와 고구려의 연합군에게 당항성마저 함락당한다. 이때 신라의 김춘추는 고구려를 달래어 원병을 얻고자 했으나 연개소문은 결코 만만한 인물이 아니었다. 김춘추는 도리어 평성성에 감금당한 채 마목현과 죽령의 반환을 강요당한다. 이에 그는 청포 3백보를 선도해에게 뇌물로 주고, 마목현과 죽령을 고구려에 되돌

려 주게 하겠다고 거짓 약속한 후 간신히 사지에서 빠져 나온다.

그후 백제와 고구려는 잃어버린 땅을 찾고자 신라의 영토에 자주 침입하였다. 이에 대응하여 김춘추는 일본으로 건너간다(647년). 이는 백제와 일본 세력의 동맹관계를 단절시키고자 한 것이다. 유창한 언변과 준수한 용모를 지닌 그는 일본에서의 외교적 교섭을 성공리에 끝마치고 1년 만에 귀국하였다. 김춘추의 다음 목표는 당나라였다. 당태종 이세민을 만난 그는 신라가 백제와 고구려의 침략으로 위급한 상황에 놓여 있음을 설명한 후 원병을 요청한다. 당태종은 김춘추의 요청을 즉시 수락하였다(진덕여왕 2년, 648년). 이제 신라는 당(唐)과 연합하여 백제를 칠 수 있게 된 것이다.

그가 이와 같은 외교적 성과를 거두는 동안에도 대장군 김유신은 백제의 여러 성을 빼앗고 적군 3만여 명을 죽이는 전과를 거둔다. 김춘추는 진덕여왕이 서거하자(654년) 조정대신들의 추대를 받아 보위에 오른다(29대 태종 무열왕). 당시 당(唐)은 신라를 도와 백제와 고구려를 평정한 후 한반도 전체를 손아귀에 넣겠다는 야심을 품고 있었다. 이에 반하여 신라는 강대국 당과 연합하여 고립된 백제와 고구려를 멸한 후 당의 세력을 몰아내고 한반도의 주인이 되고자 하였다. 이렇게 두 나라는 비록 그 속셈은 달랐으나 공동의 적을 치기 위해 단결한 것이다.

당고종은 소정방을 신구도행군대총관(神丘道行軍大摠管)으로 삼아 13만 대군으로 백제 정벌에 나서게 하였고(660년 3월), 신라의 태종 무열왕은 대장군 김유신과 함께 5

만의 군사를 이끌고 출정하였다(660년 5월). 한편 백제의 의자왕은 강력한 연합군을 맞이하여 변변한 전술 한 번 써보지 못한다. 다만 황산벌에서 백제의 계백장군이 이끄는 5천의 결사대 만이 신라의 5만 군사와 끝까지 싸웠으나 중과부적으로 전멸당하고 만다. 이에 신라군은 당군과 합세하여 사비성과 웅진성으로 쳐들어 갔다. 웅진성에서 저항하던 의자왕은 마침내 태자와 함께 항복하였다(660년 7월). 신라의 승리에는 김춘추의 외교적 수완이 결정적인 역할을 한 셈이다. 그는 탁월한 외교전략으로 적대국을 고립시킨 후 강대국의 무력을 이용해 이를 정복한 것이다.

3

성을 공격하는 것은 부득이 한 경우이다. 큰 방패와 사닥다리 수레를 보수하고 여러 가지 장비를 갖추는데만 3개월은 걸린다. 또한 흙무더기를 쌓아 올리는데도 다시 3개월이 소요된다. 장수가 노여움을 참지 못하고 개미떼처럼 성벽을 기어 오르게 하여 병력의 3분의 1을 죽이고도 성을 함락시키지 못하는 때도 있다. 이는 공격이 불러들인 재앙이다.

攻城之法은 爲不得已니라. 修櫓轒轀하고 具器械에 三月而後成
공성지법   위부득이   수로분온   구기계   삼월이후성

이니 距闉이면 又三月而後已니라. 將不勝其忿하여 而蟻附之나
거인   우삼월이후이   장불승기분   이의부지

殺士卒三分之一에 而城不拔者는 此攻之災也라.
살사졸삼분지일   이성불발자   차공지재야

❖

노(櫓) : 성 위에서 쏟아지는 돌이나 화살을 막는 큰 방패.
분온(轒轀) : 사닥다리가 달린 수레.
거인(距闉) : 성을 공격하기 위해 쌓아 올린 흙무더기.
의부(蟻附) : 개미떼처럼 성벽에 기어오르며 공격함.

〈풀이〉

적군이 견실하게 지키고 있는 성을 공격하려면 각종 공
성기구를 준비하는데만 석 달 내지 반년의 시일이 걸린다.
이 기간 중에 지휘관이 분노를 참지 못하고 병사들을 성
벽으로 기어오르게 한다면, 설사 함락시킨다 해도 아군이
너무 큰 피해를 입게 된다. 따라서 자칫하면 피로스의 승
리가 되기 쉽다. 에페이로스의 임금 피로스(B.C. 319~
272)는 로마군과의 1차전에서 이기고도 병력 손실이 많아
화의를 청했던 것이다. 그러므로·성을 치는 것과 같은 정
면공격은 아군이 피치못할 상황에 처했을 때만이 행해야
한다.

4

그러므로 용병이 뛰어난 이는 적병을 굴복시키되 맞붙
어 싸우지 않는다. 적의 성을 함락시키되 공격하지는 않는
다. 적군을 허물어 뜨리되 싸움을 오래 끌지는 않는다. 반
드시 손상을 입히지 않고 천하를 다툰다. 그러므로 병력을
소모시키지 않고도 완벽하게 이기는 것이다. 이는 계략으
로 공격하기 때문이다.

故로 善用兵者는 屈人之兵하되 而非戰也오 拔人之城하되 而非
고 선용병자 굴인지병   이비전야 발인지성   이비

攻也오 毀人之國하되 而非久也오 必以全하고 爭於天下라. 故로
공야 훼인지국   이비구야 필이전 쟁어천하   고

兵不頓而利可全하나니 此는 謀攻之法也니라.
병불돈이리가전   차 모공지법야

❖

훼(毀) : 손상시킴.

돈(頓) : 꺾임, 무너짐.

이가전(利可全) : 이익을 얻을 수 있음. 완벽하게 이길 수 있다는 뜻.

〈풀이〉

219년 가을(건안 24년) 형주를 지키던 관우는 군사를 이끌고 번성으로 향하였다. 이 번성(호북성 양양현)은 위나라의 요충지로 정남장군 조인이 지키고 있었다. 또한 그 북쪽에는 좌장군 우금과 입의 장군 방덕의 군대가 머물러 비상시에 대비하였다. 그때에 큰 비가 내려 우금과 방덕의 진지가 모두 물에 잠겼다. 이에 관우는 수군으로 먼저 이들을 공격하여 승리를 거둔다. 이제 조인은 소수의 병력으로 고립된 번성을 지켜야 했다. 당시 오나라에서는 진서장군 노숙이 죽고 여몽이 그 후임자가 되어 육구(陸口)에 머물렀다. 여몽은 장강 상류를 확보해야만 오나라의 안전을 기할 수 있다고 생각하였다.

한편 관우도 여몽이 부임하자 오나라에 대한 경계 태세를 강화한다. 그러므로 번성을 공략할 때도 배후에 적지않은 병력을 남겨두었다. 이에 여몽은 오주 손권에게 건의하여 자신은 병을 치료하기 위해 건업(建業)으로 물러가고

후임자로 육손을 임명케 한다. 여몽의 병은 관우를 속이기 위한 꾀병이었다. 또한 육손은 용병에 뛰어났으나 아직 그 능력을 발휘할 기회를 얻지 못하였다. 편장군 육손은 육구에 부임하자 곧 관우에게 후한 예물과 서신을 올린다. 그 서신의 내용은 관우의 용맹과 지략을 칭송한 것이었다. 관우는 손권이 식견이 모자라 풋내기를 중용한 것으로 알고 마음을 놓았다. 그는 곧 후방의 예비 병력을 빼내어 번성 공략에 모두 투입하였다. 한편 손권은 위나라에 사자를 보내어 공동의 적 관우를 토벌하기로 약속한다.

그동안 관우의 공격으로 고전하던 번성의 조인은 서황의 원군으로 수비를 견고히 할 수 있게 된다. 관우는 싸움을 중단하고 지친 군사들을 한수에 모이게 한다. 여몽은 이 기회를 놓치지 않았다. 그는 병사들을 배 안에 숨겨두고 은밀히 상륙하여 적의 경비초소와 성곽을 점령한다. 이 때 강릉을 방어하던 미방과 공안에 주둔한 부사인은 평소 관우에게 멸시와 푸대접을 받아 원한을 품고 있었다. 부사인과 미방은 여몽의 군대가 공안과 강릉에 이르자 곧 항복하였다.

이렇게 관우의 세력 거점을 점령한 여몽은 부하들에게 엄명을 내려 부녀자들을 철저히 보호한다. 이제 근거지를 빼앗긴 관우는 병력이 증강된 번성을 공격할 수도 없고, 또한 돌아갈 곳도 없는 것이다. 관우의 병사들은 그들의 부모와 처자식들이 안전하게 지내고 있다는 소문을 듣고 싸울 의욕을 잃어버린다. 이들은 곧 상관을 배신하고 도주한다. 이렇게 관우의 군대는 이미 싸우기도 전에 무너져버린 것이다. 관우는 겨우 10여기의 병졸을 이끌고 맥성

(당양동남)으로 간다. 그는 적의 포위망에서 벗어나고자
했으나 오나라 군사들에게 사로잡히여 피살되고 만다. 여
몽은 속임수로 관우를 안심시키고 나서 기습으로 그 빈틈
을 찔러 이긴 것이다. 이처럼 지혜로운 장수는 전투다운
전투를 치르지 않고도 강적을 정복할 수 있다.

5

그러므로 용병하는 원칙은 아군의 병력이 열 배면 적을
포위하고, 다섯 배면 적을 공격하며, 두 배면 적을 분산시
킨 후 차례로 공격하고, 병력이 대등하면 힘껏 싸운다. 또
한 아군의 병력이 적으면 후퇴해야 하며, 아주 적을 경우
싸움을 피해야 한다. 그러므로 적은 병력으로 끝까지 싸우
면 결국 강대한 적군에게 사로잡히게 될 것이다.

故로 用兵之法에 十則圍之하고 五則攻之하며 倍則分之하고 敵
고   용병지법   십즉위지   오즉공지   배즉분지   적

則能戰之하며 少則能逃之하고 不若則能避之니라. 故로 小敵之
즉능전지   소즉능도지   불약즉능피지   고   소적지

堅은 大敵之擒也라.
견   대적지금야

〈풀이〉

손자는 열 배의 병력으로는 적군을 포위하며, 다섯 배의
병력으로는 적군을 정면 공격하고, 두 배의 병력으로는 적
을 분산시킨 다음 각개격파하라고 했다. 또한 아군의 병력
이 적군보다 훨씬 적으면 무조건 싸움을 피하라고 했다.

그러나 전투란 지휘관의 능력과 사졸의 훈련, 지형과 기후조건 등 여러 가지 요소가 변수로 작용한다. 따라서 절반 정도의 병력으로 적군을 포위하여 대승을 거두는 경우도 있고, 심지어 10분의 1의 병력으로 적을 섬멸하는 때도 있다. 예컨대 오나라의 주유는 군사 3만으로 위나라 조조의 24~25만 대군을 깨뜨렸으며(적벽대전, 208년 10월), 동진의 사현은 군사 8만으로 전진의 부견이 인솔하는 87만 대군을 와해시켰던 것이다. 그러므로 이 장의 말씀은 어느 전투에나 적용할 수 있는 보편적인 법칙이 아니라, 다만 개연성(蓋然性)을 말한 것으로 풀이해야 할 것이다.

6

무릇 장수는 임금의 중요한 보좌관이다. 보좌에 빈틈이 없으면 국가는 강대해진다. 그러나 보좌에 빈틈이 생기면 국가는 반드시 약해진다.

夫將者는 國之輔也니 輔周則國必强하고 輔隙則國必弱이니라.
부장자   국지보야   보주즉국필강   보극즉국필약

❖

보(輔) : 돕다, 보좌하다.
주(周) : 빈틈이 없음, 주도 면밀함.
극(隙) : 빈틈, 간격.

〈풀이〉

연나라의 소왕(昭王)은 제나라가 재상 자지(子之)의 난

때 그 틈을 타서 연나라를 공격한 것에 대해 원한을 품고 있었다. 그러나 연나라는 국력이 약하고 또한 거리도 멀어 강대국 제나라를 칠 수가 없었다. 이에 소왕은 몸을 낮추어 널리 인재를 초빙하였다. 당시 위나라에 머물던 악의는 위나라 소왕(昭王)에게 청하여 사신으로 연나라에 갔다. 연나라 소왕은 그를 아경(亞卿)으로 임용했다.

당시 제나라 민왕(湣王)은 남쪽으로는 초나라 군대를 중구(重丘)에서 쳐부수고 서쪽으로는 삼진(三晉)의 군사를 관진(觀津)에서 깨뜨렸다. 또 삼진과 더불어 진(秦)을 치고 조(趙)와 함께 중산국(中山國)을 멸하며, 송군(宋軍)을 쳐부수고 영토를 넓혔다. 민왕은 진나라의 소왕(昭王)과 패권을 다투었으나 백성들은 계속되는 전쟁으로 신음하고 있었다. 이런 기미를 살핀 연(燕)의 소왕은 제나라와의 싸움에 대해 악의에게 물었다.

악의가 대답하였다.

「제나라는 영토가 넓고 인구가 많으니 우리 연나라 혼자서는 칠 수가 없습니다. 조(趙)·초(楚)·위(魏)와 힘을 합해야만 공격할 수 있습니다.」

이에 임금은 악의를 조나라에 보내어 동맹을 맺고, 또한 따로 사자를 보내어 초·위와 합세하기로 했으며, 심지어 진나라까지 연합국에 가담하도록 설득하였다. 당시 제후들은 민왕의 교만과 포악함을 미워했기 때문에 연나라와 기꺼이 힘을 합하였다.

연나라 소왕은 악의를 상장군으로 삼고 그에게 전 병력을 이끌도록 하였다. 또한 조(趙)의 혜문왕은 악의에게 정승의 직인을 맡겼다. 악의는 조(趙)·초(楚)·한(韓)·위

(魏)·연(燕)의 5개국 연합군을 이끌고 제나라로 쳐들어갔다. 그는 제서에서 제나라 군사를 무찔렀다. 싸움이 끝난 후 다른 제후의 군대는 본국으로 물러 갔으나 악의는 연나라 군대를 거느리고 패주하는 제군을 쫓아 제(齊)의 수도 임치(臨菑)에 이르렀다. 제나라 민왕은 거(莒)로 몸을 피하고 악의는 제나라에 머물러 군정을 폈으나 각 고을 성들은 문을 닫고 항복하지 않았다.

그러자 악의는 임치에 들어가 제나라의 보물과 제기를 거두어 연나라로 보냈다. 연의 소왕은 크게 기뻐하며 장병들에게 푸짐한 상을 내리고 악의를 창국(昌國)에 봉하고 창국군(昌國君)이라고 하였다. 악의는 5년 동안 계속 제나라에 머물며 70여 성을 함락시켰으나 거(莒)와 즉묵(卽墨)만은 버티고 있었다. 이때 연나라 소왕이 서거하고 태자가 보위를 이었으니 그가 바로 혜왕(惠王)이었다. 혜왕은 평소 악의를 의심하고 있었다. 즉묵을 지키던 제나라의 전단(田單)은 첩자를 연나라에 보내어 이런 말을 퍼뜨렸다.

「악의가 제나라의 두 성을 빨리 치지 않는 것은 싸움을 오래 끌어 제나라의 임금이 되고자 하는 야심 때문이다. 그래서 제나라 사람들은 다른 장수가 와서 그와 교체하는 것을 염려하고 있다.」

연의 혜왕은 첩자가 퍼뜨린 이 말을 듣고 기겁(騎劫)으로 상장군으로 삼아 악의(樂毅)와 교체했다. 그러자 악의는 연나라로 돌아가면 죽음을 당할 것으로 짐작하고 조나라에 귀순한다. 조나라는 악의를 관진(觀津)에 봉하고 망제군(望諸君)이라고 부르며 연(燕)·제(齊)를 억누르도록 했다. 한편 제나라의 전단은 즉묵에서 교묘한 전술로 연군

올 무찌르고 여세를 몰아 제나라의 잃어버린 땅을 모조리 회복한다. 이어 그는 민왕의 아들 양왕(襄王)을 거(莒)에서 임치로 모셨다. 이리하여 악의가 오랜 동안 연나라를 위해 경영한 모든 것이 물거품이 되었다.

유능한 장수가 현명한 임금과 한마음·한뜻이 되면 그 능력을 마음껏 발휘하여 나라는 강대해질 수 있다. 그러나 이와는 대조적으로 어리석은 임금이 유능한 장수를 멀리하면, 국가안보에 빈틈이 생기고 약소국으로 전락하는 것이다.

7

그러므로 임금이 군대에 대해 폐를 끼치는 경우가 세 가지 있다. 첫째는 군대가 나아가서는 안됨을 알지도 못 하고 나아가라고 명하고, 군대가 물러가서는 안됨을 알지도 못 하고 물러가라고 명하면, 이는 곧 군대를 얽어매는 것이다. 둘째는 군대의 일을 알지 못하면서 그 행정에 간섭하면 군대가 혼란스럽게 된다. 셋째는 군대의 권능을 알지 못하면서 지휘에 간섭하면 내부에 의혹만 일으키게 된다. 군대가 이미 혼란과 의혹에 휩싸이게 되면 곧 제후의 침략을 받는다. 이는 아군을 어지럽게 하여 적군에게 승리를 안겨주는 행위일 뿐이다.

故로 軍之所以患於君者三이니 不知軍之不可以進하여 而謂之
고   군지소이환어군자삼   부지군지불가이진   이위지

進하고 不知軍之不可以退하여 而謂之退니 是謂麋軍이니라. 不
진   부지군지불가이퇴   이위지퇴   시위미군   부

知三軍之事하여　而同三軍之政者는　則軍士惑矣니라.　不知三軍
지삼군지사　　　이동삼군지정자　　즉군사혹의　　　　부지삼군

之權하여　而同三軍之任이면　則軍士疑矣니라.　三軍이　旣惑且疑
지권　　　이동삼군지임　　즉군사의의　　　삼군　기혹차의

면　則諸侯之難이　至矣하나니　是謂亂軍引勝이니라.
　즉제후지난　　지의　　　시위난군인승

❖

미군(縻軍) : 군을 얽어맴.

삼군(三軍) : 제후의 전군(全軍). 중군과 좌·우군을 뜻하는 말.

권(權) : 권변(權變). 그때의 형편에 따라 일을 처리함.

혹차의(惑且疑) : 어리둥절해 하고 또한 의심을 품는 것.

인승(引勝) : 적군에게 승리를 안겨줌.

〈풀이〉

통치자는 일단 장수의 능력을 믿고 지휘권을 맡겼으면 작전에 대해서는 간섭하지 말아야 한다. 왜냐하면 장수는 전진과 후퇴, 단기결전과 지구전에 재량권을 가져야만 자신의 능력을 발휘할 수 있는 것이다. 그리고 전투란 그 속성상 늘 유동적이기 때문에 장수는 그때 그때의 상황에 따라 적절한 명령을 내릴 수 있어야 한다.

현명한 군주가 유능한 장수에게 소신껏 싸우게 하여 나라를 구한 예는 드물지 않다. 예컨대 오주 손권은 주유를 총사령관으로 기용하여 적벽에서 조조의 위군을 격파케 했던 것이다(적벽대전, 208년 10월). 또한 그는 유비의 침공 때에는 육손을 기용하여 이를 이릉에서 섬멸케하였다(222년 윤6월). 주유와 육손의 승전도 이처럼 현명하고 도량이 넓은 임금이 있었기에 가능했던 것이다. 이와는 대조적으로 통치자가 장수의 작전에 간섭하여 일을 그르친 경

우도 적지 않다.

예컨대 제2차 세계대전 초기(1940년 5월) 제3제국의 총통 히틀러는 구데리안 기갑군단의 전진을 당케르크 근처에서 저지시키는 과오를 범한다. 너무 지나친 종심돌파작전(縱深突破作戰)으로 측면이 위협받고 있다고 생각했기 때문이다. 이틀 후 이 저지명령은 철회되었으나 그동안 연합군도 방어태세를 갖추게 되어 33만 8천 명의 영·불군은 무사히 영국으로 탈출할 수 있었던 것이다. 그 당시 영국은 무방비 상태나 다름없었다. 그러므로 독일군이 당케르크에서 연합군 철수를 놓치지만 않았다면 영국 점령도 가능했을 것이다. 하여튼 이 이틀간의 저지명령은 영국에게 기사회생(起死回生)의 기회를 준 셈이다. 이렇게 현지 사령관에 대한 작전 간섭은 상대편에게 국면을 유리하게 해주는 것이다.

8

따라서 승리를 미리 아는 다섯 가지 방법이 있다. 첫째는 싸워야 할 때와 싸워서는 안될 때를 아는 이는 이길 수 있다. 둘째는 많은 병력과 적은 병력을 능숙하게 다룰 줄 아는 이는 이길 수 있다. 셋째는 임금과 백성들의 뜻하는 바가 같으면 이길 수 있다. 넷째는 대비함으로써 대비하지 않음을 기다리는 이는 이길 수 있다. 다섯째는 장수가 유능하고 군주가 간섭하지 않으면 이길 수 있다. 이 다섯 가지는 곧 승리를 미리 아는 길이다.

故로 知勝이 有五니 知可以與戰과 不可以與戰者는 勝하고 識
고   지승   유오   지가이여전   불가이여전자   승   식

衆寡之用者는 勝하며 上下同欲者는 勝하고 以虞待不虞者는 勝
중과지용자   승   상하동욕자   승   이우대불우자   승

하며 將能而君不御者는 勝하나니 此五者는 知勝之道也라.
장능이군불어자   승   차오자   지승지도야

❖

중과지용(衆寡之用) : 군사의 많고 적음에 따른 전략과 전술.
우(虞) : 대비태세를 갖춤. 적에 대한 경계에 빈틈이 없음.
불어(不御) : 견제하지 않음. 제어하지 않음. 간섭하지 않음.

〈풀이〉

이 장에서 손자는 다섯 가지 방법으로 승리를 예견할
수 있다고 했다. ① 싸워야 할 때와 싸워서는 아니 될 때
를 가리는 정세에 대한 정확한 판단력 ② 많은 병력과 적
은 병력에 대한 적절한 용병술 ③ 윗사람과 아랫사람의 목
표와 의사의 일치, 즉 단결력 ④ 적에 대한 대비태세의 철
저함 ⑤ 유능한 장수에 대한 통치자의 신임과 뒷받침 등이
다. 손자는 이 다섯 가지가 우세한 쪽이 이기게 된다고 내
다본 것이다.

9

그러므로 적을 알고 나를 알면 백 번 싸운다 하더라도
위태롭지 않다. 적을 알지 못 하고 나만을 알면 한 번은
이기고 한 번은 지게 된다. 그러나 적을 알지도 못 하고
나도 알지 못하면 싸울 때마다 반드시 지게 된다.

故로 曰 知彼知己하면 百戰不殆하고 不知彼而知己하면 一勝一
고   왈 지피지기   백전불태   부지피이지기   일승일

負하며 不知彼不知己하면 每戰必敗라 하도다.
부   부지피부지기   매전필패

❖

불태(不殆) : 위태롭지 않음.

〈풀이〉

원래 전쟁은 지극히 유동적이요, 또한 예기치 않은 변수
가 많다. 따라서 적군의 실력과 동태를 알아내기란 결코
쉬운 일이 아니다. 그러나 장수는 수집된 정보를 근거로
합리적 추론을 내리며, 또한 피아(彼我)의 실력을 제대로
헤아릴 줄 알아야 한다. 만일 장수가 언제나 이와 같은 대
비태세로 전투에 임한다면 여러 번 싸우더라도 위태롭지
않을 것이다. 이에 반하여 아군과 적군의 실정을 제대로
파악하지 못하는 자는 늘 패배의 쓴 잔을 마시게 된다.

4. 군형편(軍形篇)

용병에 뛰어난 이는 아군에게 지지 않을 태세를 갖추게
한 후, 패배할 수밖에 없는 적군을 공격하기 때문에 완벽
한 승리를 거둔다. 이는 마치 골짜기에 가둔 물을 한꺼번
에 터버리는 것과 같으므로 신속하고 과감하게 적을 제압
하는 것이다. 이와는 대조적으로 어리석은 자는 먼저 전투
를 시작해 놓고 나서 이기겠다고 서두르므로 스스로 패배
를 불러들이게 된다.

1

손자는 말하였다.

옛날에 잘 싸우는 이는 먼저 적이 이길 수 없도록 대비
한 후에 아군이 이길 수 있는 때를 기다렸다. 적군이 이길
수 없도록 하는 것은 나의 대비 태세에 달려 있고, 아군이
이기는 것은 적에게 달려 있다. 따라서 용병에 능한 이는
적군이 이길 수 없도록 할 수는 있으나, 아군이 반드시 이
기도록 할 수는 없다. 그러므로 이기는 계책을 세울 수는
있으나, 이를 반드시 실행할 수는 없다.

孫子曰 昔之善戰者는 先爲不可勝하여 以待敵之可勝하니 不可
손자왈 석지선전자   선위불가승   이대적지가승   불가

勝은 在己이나 可勝은 在敵이니라. 故로 善戰者는 能爲不可勝
승   재기   가승   재적   고   선전자   능위불가승

이오 不能使敵必可勝하니 故로 曰 勝可知오 而不可爲니라.
　　불능사적필가승　　　고　왈 승가지　이불가위

❖

선전자(善戰者) : 용병술에 뛰어난 사람.
불가위(不可爲) : 그렇게 하도록 만들 수는 없다.

〈풀이〉

　소설 삼국지에서 가장 흥미있는 대목은 사마의와 제갈량의 대결일 것이다.

　죽은 공명이 산 중달을 달아나게 했다는 말대로 사마의는 제갈량의 적수가 되지 못한다고 생각하는 이도 있으나 사실은 그렇지 않다. 사마의는 234년 2월(건흥 12년) 제갈량의 침공 소식을 듣고 부하들에게 이렇게 말했다.

　「공명이 무공으로부터 동쪽 방면으로 나온다면 이는 급습책이므로 경계해야만 된다. 그러나 서쪽으로 나와 오장원에 이른다면 지구전이 될 것이므로 염려할 게 없다.」

　제갈량은 위험 부담이 큰 급습책을 피하고 오장원에 주둔한다. 촉군은 이곳에서 둔전(屯田)으로 군량을 조달코자 하였다. 그리고 촉군은 여러 번 위군에 도전해 왔으나 싸움이 벌어지지는 않았다.

　사마의는 시간을 끌수록 물자 보급이 풍부한 위군이 유리함을 잘 알고 있었기 때문이었다. 적이 수비에만 치중하자 초조해진 것은 촉군이었다. 이렇게 되면 촉군은 아무런 소득도 없이 빈 손으로 돌아가야 하는 것이다.

　공명은 중달에게 여자 옷과 건귁(巾幗 ; 여자가 머리에 쓰는 관)을 선물로 보낸다. 이는 사마의의 겁 많음을 비웃어 싸우도록 하기 위함이었다. 그러나 생각이 깊은 사마의는 제갈량의 술수에 말려들지 않았다. 그는 부하들이 분개하여 싸우고자 하는 것을 천자의 조칙을 핑계삼아 억눌렀다. 그러던 어느 날 또 공명이 사자를 보내었다.

사마의는 사자에게 제갈량의 일과에 대해서 물었다. 사자는 「승상께서는 아침 일찍 일어나시어 밤 늦게까지 군무를 보십니다. 스무 대 이상의 태형(笞刑)은 손수 결재하십니다. 그리고 드시는 것은 몇 홉에 지나지 않습니다.」고 대답하였다. 제갈량이 격무에 시달리고 있다고 판단한 사마의는 사자가 돌아가자 이렇게 말한다.

「공명이 사무는 많고 식사량이 아주 적다고 하니 오래 살지는 못할 것이다.」

그의 예상대로 제갈량은 곧 오장원의 진중에서 병들어 죽는다(234년 8월).

이리하여 공명의 북정은 무위로 그치고 촉군은 서둘러 돌아가야만 했다. 사마의는 비록 제갈량에게 이기지는 못했으나, 결코 지지도 않았다. 이는 적군이 이길 수 없도록 하는 것은 나의 대비 태세에 달려 있고, 아군이 이기기 위해서는 적이 허점을 보여야 하기 때문일 것이다.

2

적이 이길 수 없음은 아군이 잘 지키기 때문이요, 아군이 이길 수 있음은 적의 빈틈을 치기 때문이다.

不可勝者는 守也오 可勝者는 攻也니
불가승자   수야   가승자   공야

〈풀이〉

　제2차 포에니 전쟁 때 카르타고의 명장 한니발은 파비우스 막시무스가 거느린 로마군을 끝내 포착하여 섬멸할 수 없었다. 파비우스는 카르타고군과의 정면 충돌을 피한 채 경계와 수비 위주로 그들을 지치게 했던 것이다. 이렇게 적에게 허점을 보이지 않는 군대를 정복할 수는 없다. 그러나 아군이 적군을 격파할 수 있는 것은 그쪽의 취약한 곳이나, 경계가 소홀한 때를 놓치지 않았기 때문이다. 이처럼 방어는 아군의 능력에 달려 있으나, 승리는 적군이 허점을 보여야만 가능하다.

3

　방어는 곧 병력이 부족하기 때문이요, 공격은 곧 병력에 여유가 있기 때문이다.

守則不足이오 攻則有餘라.
수즉부족　　 공즉유여

❖

유여(有餘) : 남음이 있음. 병력에 여유가 있다는 뜻.

〈풀이〉

　다리우스 대왕의 뒤를 이은 크세륵세스가 30만 대군을 이끌고 그리이스로 쳐들어오자 제2차 페르시아 전쟁이 시작된다(B.C. 480년 봄).

　이때 그리이스의 수뇌부는 스파르타 왕 레오니다스에게

7천의 병력으로 테르모필레에서 페르시아 육군을 막아내도록 했다. 이 테르모필레는 해안 위에 우뚝 솟은 절벽으로 겨우 기마병이 일렬 종대로 통과할 수 있는 좁고 험한 길이 그 정상으로 통하고 있었다. 그러므로 병사 한 명이 길목을 막고 있으면 수백 명의 적을 물리칠 수 있는 요새였다. 이 곳에 도착한 페르시아 군대는 며칠 동안 주변을 살피며 작전을 구상하였다. 드디어 페르시아군은 공격을 감행했으나 그리이스군은 이들을 잘 막아내었다. 그러나 전투가 벌어진지 사흘째 되는 날, 어느 배신자의 안내로 페르시아 군은 샛길로 침투하여 그리이스군의 배후를 친다. 앞뒤로 적군을 맞이한 레오니다스와 부하들은 끝까지 싸우다 전원이 전사하였다.

이렇게 테르모필레의 방어는 실패하였으나 그리이스 해군은 이 지연작전으로 부녀자와 아이들을 여러 섬으로 소개시키고 페르시아 함대와 싸우게 된다(B.C. 480년 9월 살라미스 해전).

그리이스 함대의 사령관 테미스토클레스는 좁은 살라미스 수로로 페르시아 함대를 유인하여 뱃머리의 돌출한 부분으로 적선을 격파하는 전법을 쓰도록 했다. 당시 그리이스 함대는 약 300척이었으며 페르시아 함대는 1000척이었다. 테미스토클레스는 그리이스 병사 한 명을 거짓으로 탈영시켜 페르시아군에게 이런 말을 하게 했다.

「그리이스 함대는 페르시아 함대의 위용에 겁먹고 퇴각하려고 한다. 지금 이때에 공격한다면 그리이스 함대는 섬멸될 것이다.」

페르시아 해군의 수뇌부는 이 거짓 정보를 믿고 밤중에

함대를 살라미스 수로로 진입시킨다. 페르시아의 거대한
함선들은 좁은 곳으로 들어오자 기동력을 상실한다. 다음
날 아침 해가 떠오르자마자 그리이스 함대는 페르시아 함
대로 돌진하였다. 그리이스의 군함은 돌출된 뱃머리로 페
르시아 함선을 들이받고, 병사들은 적선에 뛰어들어 무서
운 기세로 적군을 무찔렀다. 아침에 시작한 싸움은 밤 늦
게까지 계속되었다. 다음날 아침 페르시아 함대는 막대한
손실을 입고 후퇴하였다.

　이 승리로 그리이스는 그 문화와 정치적 자유를 지킬
수 있었다. 그리이스 육군은 불과 7천의 병력으로 페르시
아의 대군에 대해 지연작전을 벌인 후 압도적으로 우세한
적의 함대를 좁은 수로로 유인하여 무찌른 것이다.

　이와 같이 방어와 공격은 병력의 많고 적음과 때와 장
소에 따라 융통성 있게 운용되어야만 한다.

4

　잘 방어하는 이는 땅 속 깊은 곳에 숨은 듯하고, 잘 공
격하는 이는 높은 하늘에서 움직이듯 한다. 그리하여 능히
스스로를 지키며, 완전하게 이기는 것이다.

善守者는 藏於九地之下하고 善攻者는 動於九天之上하나니 故
선수자　　장어구지지하　　선공자　　동어구천지상　　　　고
로 能自保而全勝也니라.
　능자보이전승야

❖

선수자(善守者) : 방어를 잘 하는 사람.
구지(九地) : 가장 깊은 땅 속.
선공자(善攻者) : 공격을 잘 하는 사람.
구천(九天) : 아주 높은 하늘.
자보(自保) : 스스로를 보전함.

〈풀이〉

촉한의 재상 제갈량과 명승부를 펼친 위나라의 사마의
는 방어와 공격에 모두 능한 장수였다. 그는 상용(上庸)에
서 맹달이 모반하였을 때는 급히 달려가 단숨에 무찔렀다.
맹달은 관우가 패사한 후 위나라에 항복한 자로, 조예가
임금이 되자 거취가 불안하여 촉한의 제갈량에게 내통할
뜻을 밝힌다. 맹달은 사마의의 토벌대가 완성(宛城)에서
상용에 도착하려면 한 달은 걸리리라 생각했다. 그러나 사
마의는 천자에게 보고도 하지 않고 즉시 군대를 이끌고
여드레 만에 상용에 이르렀다. 그리하여 제대로 준비를 갖
추지 못한 적군을 닷새 동안의 공격으로 정복하고 만다.
그러나 사마의는 요동에서 공손연과 싸울 때는 성을 포위
만 하고 섣불리 공격하지 않았다. 이에 의아하게 여긴 부
하가 그에게 물었다.

「앞서 상용에서 맹달을 칠 때는 불과 닷새 만에 성을
함락시켰습니다. 이번에는 왜 시간을 끌고 있습니까?」

사마의가 대답했다.

「그때와는 상황이 달라. 지금은 공손연이 대군을 거느
리고 있고 또한 장마 때문에 아군이 괴로워 하고 있지. 이
럴 때는 별 수 없는 척하는 게 가장 좋은 전술이야.」

이윽고 기회가 오자 사마의는 무서운 기세로 성을 공격하여 단숨에 적군을 무찔렀다. 이렇게 용병술에 능한 장수는 상황에 따라 작전을 자유자재로 구사하여 완전한 승리를 거두는 것이다.

5

여러 사람들이 보아서 쉽게 이해할 수 있는 승리는 가장 좋은 승리는 못 된다. 다시 말하자면 싸움에 이겼다고 해서 온 세상 사람들이 칭송한다면 이는 최선의 승리는 아닌 것이다. 그러므로 가는 터럭을 든다고 해서 힘에 세다고 하지 않고, 해나 달을 본다고 해서 눈이 밝다고 하지 않으며, 우뢰 소리를 듣는다고 해서 귀가 밝다고 하지는 않는다.

見勝이 不過衆人之所知면 非善之善者也오 戰勝而天下曰善이
견승   불과중인지소지   비선지선자야   전승이천하왈선

면 非善之善者也니라. 故로 擧秋毫이 不爲多力이요 見日月이
  비선지선자야   고   거추호   불위다력   견일월

不爲明目이요 聞雷霆이 不爲聰耳니라.
불위명목   문뢰정   불위총이

추호(秋毫) : 가을철에 나는 짐승의 가느다란 털. 아주 적다는 뜻임.
뇌정(雷霆) : 우뢰, 천둥소리.

〈풀이〉
뭇사람들이 이구동성으로 칭송하는 승리는 최상의 승리

가 아니다. 이는 가는 터럭을 든다고 해서 힘이 장사라고 할 수 없고, 해와 달을 본다고 해서 천리안이라고 말할 수 없는 것과 같다.

참으로 용병과 책략에 능한 사람은 세상에 잘 드러나지 않는 방법으로 승리하므로 칭송을 듣지 못하는 경우가 많다. 예컨대 세 치 혓바닥으로 상대편을 설득하여 싸우지도 않고 물러가게 한다든가 또는 적의 동맹관계를 깨뜨리는 방법 등이 그것이다.

6

옛날에 이른바 용병에 뛰어난 사람은 이기기 쉬운 자에게 이긴 것이다. 그러므로 잘 싸우는 자의 승리에는 지혜롭다는 이름도 없고 용맹스러운 공훈도 없다. 따라서 전투에서 승리하는 게 틀림없다. 이는 싸우기 전에 승리하도록 조처하여 이미 패하는 자에게 이기는 것이다.

그러므로 잘 싸우는 사람은 패배하지 않을 땅에서 적의 패배를 놓치지 않는다. 이런 까닭에 이기는 군대는 먼저 이길 조건을 갖추고 나서 싸우며, 패하는 군대는 먼저 싸우고 나서 이기려고 한다.

古之所謂善戰者는 勝於易勝者也니 故로 善戰者之勝也에 無知
고지소위선전자　　승어이승자야　　고　　선전자지승야　　무지

名하며 無勇功이니라. 故로 其戰勝不忒이니 不忒者는 其所措에
명　　무용공　　　　고　기전승불특　　불특자　기소조

必勝하니 勝已敗者也라. 故로 善戰者는 立於不敗之地하고 而
필승　　승이패자야　　고　선전자　입어불패지지　　이

不失敵之敗也하나니 是故로 勝兵은 先勝而後에 求戰하고 敗兵
불실적지패야   시고   승병   선승이후   구전   패병

은 先戰而後에 求勝하니라.
  선전이후   구승

❖

특(忒) : 어긋남.
불실(不失) : 적의 패배를 놓치지 않음.

〈풀이〉

트라시메누스 호반에서 카르타고 군대에게 패한 로마는
새로이 신병을 편성하여 집정관 티렌티우스 바로와 파울
루스 아에밀리우스에게 그 지휘권을 맡긴다.

바로는 성급하고 지모가 부족한 위인이며, 아에밀리우스
는 침착하고 사려깊은 장수였다. 이 두 집정관은 24시간
씩 교대로 군대를 지휘하기로 합의한다. 로마군은 칸네라
는 촌락 부근에 진을 치고 카르타고군과 대치하였다.

한편 로마군과 결전을 앞둔 카르타고군은 갑절이나 되
는 로마군의 위용에 은근히 겁을 먹고 있었다. 전투가 벌
어지기 직전 한니발은 막료들을 이끌고 산 위에서 적진을
정찰하였다. 이때 기스코라는 장군이 적군의 수효가 지나
치게 많다고 하자 한니발은「그러나 적군에는 기스코라는
사나이는 없지 않소.」라고 농담을 한다.

이에 카르타고군은 사령관의 자신만만한 태도에 안도하
며, 새삼 필승에의 신념을 다지게 된다.

이날의 싸움에서 한니발은 약한 군대를 중앙에 배치하
여 앞으로 나아가게 한 후 좌우에 강한 병사를 두어 적군
이 쳐들어오기를 기다렸다. 싸움이 벌어지자 바로가 이끄

는 로마군은 카르타고의 중앙군을 무찌르며 돌진하였다. 그들은 이기고 있다고 생각했으나 실은 카르타고군이 만든 함정에 빠진 셈이었다.

기회를 노리던 한니발이 좌우에 신호를 보내었다. 이제 적의 강력한 양익에 의해 포위를 당한 로마군은 일방적인 도살을 당하였다. 또한 좌우에 배치한 로마의 기병들도 카르타고의 기병대에 격퇴되고 만다. 집정관 파울루스 아에밀리우스는 부상을 당하여 말에서 내린다. 그는 참모의 탈출 권유를 거부하며 적군의 칼날에 몸을 던지고 만다. 한편 티렌티우스 바로는 소수의 병력을 이끌고 베누시아로 도주하였다.

이날의 패전(B.C. 216년 칸네)으로 로마군은 전사 5만과 포로 1만 4천의 섬멸적인 타격을 입는다. 한니발은 싸우기 전에 적에 대한 정보를 수집하고 속임수를 구사하여 늘 적군을 제압할 수 있었다.

이처럼 용병에 뛰어난 사람은 전투에 앞서 승리하도록 조처하여 이미 패하는 자에게 이기는 것이다.

7

군사를 잘 쓰는 사람은 승리의 도(道)를 닦고 법제를 잘 지킨다. 그러므로 능히 적을 이기고 패배시키는 다스림을 행할 수 있는 것이다.

善用兵者는 修道而保法이니 故로 能爲勝敗之政이라.
선용병자　수도이보법　　고　능위승패지정

〈풀이〉

사마법(司馬法)에는 병사들을 인애로써 재난에서 건지며, 도의로써 싸움터로 소집해야 한다고 역설하고 있다. 사실 덕망이 있는 이가 법제와 군율을 제대로 다스린 후 포악하고 무도한 자를 정벌한다면, 이미 싸우기 전에 승부가 판가름나게 된다.

이는 어질고 의로운 이에게는 모든 사람들이 즐겨 복종하며, 무도한 자에 대해서는 민심이 그를 버리기 때문이다.

8

병법에는 '첫째는 도(度), 둘째는 양(量), 셋째는 수(數), 넷째는 칭(稱), 다섯째는 승(勝)에 의해 좌우된다'고 했다.

지형은 도를 낳고, 도는 양을 결정하며, 양은 수를 생기게 하고, 수는 칭을 낳으며, 칭은 승의 기반이 된다. 따라서 이기는 싸움은 일(鎰)로서 수(銖)를 견주는 것과 같고, 지는 싸움은 수로서 일을 견주는 것과 같다.

兵法에 一曰度요 二曰量이요 三曰數요 四曰稱이요 五曰勝이니
병법   일왈도   이왈양   삼왈수   사왈칭   오왈승

地生度하고 度生量하며 量生數하고 數生稱하며 稱生勝이라. 故
지생도   도생양   양생수   수생칭   칭생승   고

로 勝兵은 若以鎰稱銖하고 敗兵은 若以銖稱鎰하니라.
승병   약이일칭수   패병   약이수칭일

❖

도(度) : 싸움터의 거리와 지형을 잼.

양(量) : 전선에 보낼 병력과 물자의 분량을 뜻함.

수(數) : 인적 자원. 인구.

칭(稱) : 피아의 전쟁 수행 능력을 비교 분석함.

일(鎰) : 1일(鎰)은 20냥.

수(銖) : 24수(銖)가 1냥임.

〈풀이〉

전쟁의 승패는 대략 다섯 가지 조건에 의해 예상할 수 있다.

① 싸움터의 거리와 지형 ② 전선에 보낼 병력과 보급물자 ③ 인적자원의 많고 적음 ④ 아군과 적군의 전쟁 수행 능력에 대한 객관적 비교분석 ⑤ 총체적 승산의 검토 등이다.

다시 말하자면 전쟁은 이와 같은 객관적 상황과 조건에 의해 그 승패가 이미 싸우기 전에 결정되는 것이다.

9

이기는 사람의 싸움은 마치 깊은 골짜기에 가둔 물을 한꺼번에 터뜨리는 형세와 같다.

勝者之戰이 若決積水於千仞之谿者는 刑也니라.
승자지전   약결적수어천인지계자   형야

❖

인(仞) : 1인(仞)은 여덟 자.

계(谿) : 골짜기.

〈풀이〉

승리할 조건을 갖춘 군대는 이미 패배할 수밖에 없는 적을 공격하므로 압도적인 세력으로 이를 섬멸하는 것이다.

5. 병세편(兵勢篇)

전투란 본시 정공법과 임기응변의 기도(奇道)를 적절히 구사해야만 이길 수 있다. 또한 용병술에 능한 이는 세(勢)를 중요시하므로 사나운 독수리가 먹이를 낚아채듯이 적군을 공격한다. 이는 자신의 실(實)로써 상대방의 허(虛)를 치는 것이므로 그 승리에는 한치의 오차도 없는 것이다.

1

손자가 말하였다.

무릇 많은 사람들을 다스리는 것을 적은 사람들을 다스리듯이 함은 이들을 나누어 편성하기 때문이다. 또한 많은 병력이 싸우는 것을 적은 병력이 싸우는 것처럼 하게 함은 깃발과 소리 등의 신호 때문이다.

孫子曰 凡治衆을 如治寡는 分數가 是也오 鬪衆을 如鬪寡는 形
손자왈 범치중　여치과　분수　시야　투중　여투과　형

名이 是也오.
명　시야

❖

치(治) : 다스림, 통솔.
과(寡) : 소수의 병력.
분수(分數) : 군대의 편성과 조직.

형(形) : 형체. 눈으로 볼 수 있는 부대표지, 깃발 등에 의한 신호.

명(名) : 소리. 북, 나팔, 종 등의 악기에 의한 신호.

〈풀이〉

군대는 합리적인 편성에 의해 비로소 오합지중(烏合之衆)을 면할 수 있다. 즉 지휘관이 수많은 병사들을 마치 소수의 병사들을 통솔하듯이 함도 바로 그것 때문이다. 또한 수많은 병사들이 일사불란하게 전투에 임할 수 있는 것은 부대표지와 깃발, 그리고 북·나팔 등의 신호 덕분이다. 이렇게 군대의 편성과 신호체계는 지휘관의 명령을 말단에 전할 수 있는 효과적인 방법인 것이다.

2

삼군의 무리로 적군과 마주치더라도 절대로 패하지 않게 함은 기(奇)와 정(正)을 교묘히 구사하기 때문이다. 아군이 적군을 공격하는 것이 마치 숫돌을 달걀에 던지듯이 함은 우세한 병력으로 그 빈틈을 치기 때문이다.

三軍之衆으로 可使必受敵而無敗者는 奇正이 是也오 兵之所加
삼군지중   가사필수적이무패자   기정   시야   병지소가

에 如以碬投卵者는 虛實이 是也니라.
여이하투란자   허실   시야

❖

기(奇) : 상황에 따라 복병이나 기습 등으로 적군을 공격하는 방법.

정(正) : 정공법.

하(碬) : 숫돌.

〈풀이〉

　용병에는 기계(奇計)를 쓰지 않고 정정당당하게 적군과 정면으로 마주쳐 싸우는 정공법과 유도작전과 복병으로 적의 측면이나 배후를 기습하는 기공법이 있다. 그러나 이 두 가지 전법은 어떤 고정된 틀에 매여 있는 게 아니라 임기응변하는 것이다. 그러므로 상황에 따라 정(正)이 기(奇)가 될 수도 있고, 반대로 기(奇)가 정(正)으로 변할 수도 있다. 유능한 지휘관은 이를 종횡으로 구사하여 적을 궁지에 몰아 넣은 후 섬멸적인 타격을 가하는 것이다.

3

　무릇 전쟁은 정공법으로 싸우고 기공법으로써 이기는 것이다. 따라서 기공법에 능한 이는 무궁하기가 하늘과 땅과 같고, 마르지 않기가 강물과 같다. 마쳤는가 하면 다시 시작됨은 해와 달이 뜨고 지는 것과 같고, 죽었다가 다시 살아남은 네 계절의 순환과도 같은 것이다. 음계는 다섯 가지에 지나지 않지만 그 변화는 이루 다 들을 수가 없고, 색채는 다섯 가지에 지나지 않지만 그 변화는 이루 다 볼 수가 없다. 또한 맛은 다섯 가지에 지나지 않지만 그 변화는 이루 다 맛볼 수 없는 것이다. 이와 마찬가지로 전쟁의 형세도 기공법(奇攻法)과 정공법(正攻法)에 지나지 않지만, 그 변화하는 전술은 이루 다 헤아릴 수 없을 만큼 무궁하다. 기(奇)와 정(正)이 서로 낳게 함은 순환하여 끝이 없으니, 누가 그 궁극을 헤아릴 수 있겠는가?

凡戰者는 以正合하고 以奇勝이니라. 故로 善出奇者는 無窮如天
범전자　　이정합　　이기승　　　　고　선출기자　　무궁여천

地하고　不竭如江河니　終而復始는　日月이　是也오　死而復生은
지　　불갈여강하　　종이부시　　일월　　시야　　사이부생

四時가　是也니라.　聲不過五나　五聲之變을　不可勝聽也오　色不
사시　　시야　　　성불과오　　오성지변　　불가승청야　　색불

過五나　五色之變을　不可勝觀也오　味不過五나　五味之變을　不
과오　　오색지변　　불가승관야　　미불과오　　오미지변　　불

可勝嘗也니라.　戰勢不過奇正이나　奇正之變을　不可勝窮也요　奇
가승상야　　　전세불과기정　　　기정지변　　불가승궁야　　기

正相生이　如循環之無端하니　孰能窮之哉리오.
정상생　　여순환지무단　　　숙능궁지재

❖

합(合) : 맞붙어 싸우는 것.

강하(江河) : 양자강과 황하.

오성(五聲) : 궁(宮), 상(商), 각(角), 치(徵), 우(羽)의 5
　음계로 중국과 우리나라 음악의 기초가 됨.

오색(五色) : 적(赤 ; 빨강), 청(靑 ; 파랑), 황(黃 ; 노랑),
　백(白 ; 흰), 흑(黑 ; 검정)의 다섯 가지 원색.

오미(五味) : 짜고, 시고, 맵고, 쓰고, 단 다섯 가지 맛.

순환(循環) : 한 차례 돌아서 먼저 자리로 되돌아 옴. 되풀이하여
　돌아감.

무단(無端) : 끝이 없음.

〈풀이〉

　용병에 뛰어난 사람은 적의 허실에 따라 정공법과 기공
법을 자유자재로 구사한다. 그러므로 이처럼 변화 많은 전
술에는 강력한 적군도 미처 효과적인 대응을 할 수가 없
다. 이는 음악의 기초가 되는 음계는 다섯 가지에 지나지

않고, 색깔과 맛을 이루고 있는 요소들도 다섯 가지에 불과하지만, 그것의 변화와 다양성은 무궁무진한 것과 마찬가지이다.

4

세차게 흐르는 물결이 돌을 뜨게 함은 그 기세 때문이요, 매나 독수리의 날쌘 습격이 먹이를 부수고 부러뜨리는 것은 그 절도 때문이다. 그러므로 전쟁을 잘 하는 이는 그 기세가 맹렬하고 그 절도가 짧다. 기세는 쇠뇌를 팽팽히 당겨놓은 것과 같고, 절도는 화살이 시위에서 나가는 것과 같다. 따라서 어지러이 헝클어져 싸운다 하더라도 흐트러지지 않고, 혼란스럽게 뒤섞인 채 둥글게 되더라도 결코 패배하지 않는 것이다.

激水之疾이 至於漂石者는 勢也오 鷙鳥之疾이 至於毀折者는
격 수 지 질   지 어 표 석 자   세 야   지 조 지 질   지 어 훼 절 자

節也라. 是故로 善戰者는 其勢가 險하고 其節이 短하니 勢如彍
절 야   시 고   선 전 자   기 세   험   기 절   단   세 여 확

弩요 節如發機니라. 紛紛紜紜하되 鬪亂而不可亂也하고 渾渾
노   절 여 발 기   분 분 운 운   투 란 이 불 가 란 야   혼 혼

沌沌하되 形圓而不可敗也니라.
돈 돈   형 원 이 불 가 패 야

❖

격수(激水) : 세차게 흐르는 물.

지조(鷙鳥) : 독수리나 매처럼 사나운 새.

질(疾) : 빠름, 날래고 재빠름.

훼절(毀折) : 몸을 부수고 뼈를 꺾는 것.

절(節) : 절도. 마디. 신속한 움직임. 순간적인 동작.

험(險) : 험하다, 맹렬하다.

단(短) : 짧음, 몹시 빠름, 신속함.

확(彉) : 시위를 잡아당기는 것.

노(弩) : 쇠뇌.

기(機) : 쇠뇌의 방아쇠.

분분운운(紛紛紜紜) : 어지럽게 헝클어짐.

혼혼돈돈(渾渾沌沌) : 어지러이 뒤엉켜 형체를 분간할 수 없는 상태.

형원(形圓) : 혼란스럽게 뒤섞인 채 둥그러미를 이룸.

〈풀이〉

제2차 세계대전 초기 독일군은 신속하고도 과감한 전격 작전으로 프랑스를 침략하였다. 당시 사단장인 롬멜은 남달리 뛰어난 용병술로 세상을 놀라게 한다. 그의 기갑사단은 남쪽으로 공세를 취한지 불과 사흘 만에 프랑스의 방어선을 돌파한 것이다(1940년 6월 5일 제2차 공세 개시). 이때 프랑스군은 솜무 강의 모든 다리를 폭파한 채 다만 한쌍의 철교만을 남겨두었다. 이는 반격작전을 염두에 둔 조처였다. 또한 그들은 폭이 좁은 둑 위에 부설한 철교 위를 적군이 접근한다면 집중포화로써 이를 저지하리라 믿었던 것이다. 그러나 롬멜은 날이 샐 무렵에 철교를 빼앗아 트럭과 전차를 건널 수 있게 한다. 프랑스군의 저지사격은 겨우 반시간 동안 지속되었을 뿐이었다. 이날 롬멜의 기갑사단은 8마일의 전진을 했고, 이어 이틀 동안에 무려 50마일을 돌파했다. 이 롬멜 기갑사단의 신속 과감한 종심돌파작전(縱深突破作戰)으로 프랑스군은 분단이 되고 만다. 이제 독일군 사단들은 롬멜이 마련한 공격거점에서 물밀

듯 전진할 수 있게 된다. 롬멜은 도로에 설치한 프랑스군의 방어진지를 교란하며 루안남방의 세느 강에 이르렀다. 또한 그는 프랑스군이 미처 방어선을 만들기 전에 세느 강의 여러 거점들을 확보해 두었다.

드디어 6월 10일 롬멜의 기갑사단은 프랑스의 해안에 이르게 된다. 이제 프랑스의 제10군은 후퇴할 수 있는 기회마저 놓친 채 산 발레리에서 항복하였다(1940년 6월 12일). 이처럼 탁월한 지휘관은 과감하고 세찬 기세로 적의 허점을 공격하여 큰 승리를 거두는 것이다.

5

혼란은 다스림에서 비롯되고, 비겁은 용기에서 나오며, 나약함은 강함에서 생기는 것이다. 다스림과 혼란은 군대의 편성에 달렸고, 용감함과 비겁함은 군대의 기세에 따르며, 강함과 나약함은 군대의 태세와 배치에 의해 좌우된다.

亂生於治하고 怯生於勇하며 弱生於強하니 治亂은 數也오 勇怯
난 생 어 치   겁 생 어 용   약 생 어 강   치 란   수 야   용 겁

은 勢也며 強弱은 形也니라.
  세 야   강 약   형 야

❖

겁(怯) : 비겁.
수(數) : 군대의 편성.
세(勢) : 군대의 기세.
형(形) : 군대의 태세와 배치.

〈풀이〉

　군대란 때로는 다스림에서 혼란으로, 용사를 겁쟁이로, 강한 상태에서 나약한 상태로 변화시킬 수 있다. 이는 그 편성과 기세와 배치 등에 차질이 생길 경우이다.

　전진(前秦)의 임금 부견(符堅 : 338~385)이 천하통일의 야망을 품고 비수(淝水)에서 동진군(東晋軍)과 싸워 크게 패한 것도 그런 예에 해당될 것이다. 저족(氐族)출신인 부견은 명신 왕맹(王猛)이 세상을 떠난 후 양주의 장씨와 한서의 대국을 병합하여 화북지방을 장악하게 된다.

　그는 드디어 A.D. 383년 87만의 대군(이중에 기병이 27만임)을 이끌고 동진으로 향하였다. 한인(漢人)이 세운 양자강 이남의 그 나라를 정복하기 위함이었다. 전진군은 회수(淮水)를 건너 비수에 이르렀다. 그 당시 동진의 조정은 사안(謝安)이 대도독(大都督)으로 실권을 쥐고 있었다. 사안은 동생 사석(謝石)과 조카 사현(謝玄)에게 지휘권을 맡겨 침략군을 격퇴하도록 했다. 비수 건너편에서 전진군과 대치한 동진군은 그 병력이 8만에 지나지 않았으나 나라를 지키겠다는 결의에 차 있었다.

　한편 부견은 언덕 위에 올라 동진군의 동태를 살폈다. 적군의 진용이 엄정함에 위압감을 느낀 그는 부장 주서(朱序)를 사자로 파견하여 동진군에게 항복을 권하기로 했다. 주서는 원래 한인 출신으로 오랑캐 출신인 부견에 대해 적개심을 품고 있었다. 그러므로 그는 동진군 진영으로 가서 이렇게 말하였다.

　「전진군은 어마어마한 대군이라 이들이 집결하기 전에 그 선봉을 무찔러야 이길 수 있습니다.」

이에 동진군의 지휘관 사현은 사자를 보내어 이런 말을 전하게 한다.

「전진군은 너무 많이 비수 언덕에 집결해 있다. 조금만 물러서 준다면 우리가 강을 건너 승부를 가리겠다.」

부견은 적군이 반쯤 건널 때 곧 강력한 기병대로 쳐부수겠다고 생각했다. 그는 병사들에게 후퇴할 것을 명한다. 그러나 워낙 대군의 이동이라 이때 큰 혼란이 일어났다. 뒤쪽에 있는 병사들이 앞쪽에 있는 병사들의 후퇴하는 모습을 보자 싸움에 패한 줄 알고 달아나기 시작한 것이다. 동진군이 이 기회를 놓칠 리 없었다. 그들은 강을 건너자마자 추격전을 감행하여 전진군을 크게 무찌른다. 수많은 병사들이 변변히 싸워보지도 못한 채 죽고, 임금인 부견 자신도 부상을 당한 채 간신히 도주하였다. 살아남은 전진의 병사들도 밤을 새워 달아났다. 그들은 바람 소리와 학 울음 소리에도 동진군이 뒤쫓아 오는 것으로 알고 겁을 집어 먹는다. 이리하여 87만 대군중 8할 정도가 죽고, 부견도 장안으로 돌아온 후 스스로 목숨을 끊는다. 초목개병(草木皆兵 ; 풀과 나무가 모두 적군으로 보였다는 뜻)과 풍성학려(風聲鶴唳 ; 바람 소리와 학 울음 소리)라는 고사성어도 바로 이 싸움(A.D. 383년 11월)에서 생긴 말이다.

6

그러므로 적을 잘 움직이는 이는 어떤 태세를 보여 적으로 하여금 말려들게 하고, 이로운 조건을 주어 적으로 하여금 취하도록 한다. 이로움으로써 적을 끌어내어 기습의 순간을 기다리는 것이다.

故로 善動敵者는 形之면 敵必從之하고 予之면 敵必取之하나니
고   선동적자   형지   적필종지   여지   적필취지

以利動之하여 以卒待之라.
이리동지   이졸대지

❖

여지(予之) : 적에게 거짓으로 이로운 조건을 줌.

〈풀이〉

고구려 건국의 초창기인 제2대 유리왕 때의 일이다(B. C. 9년). 당시 선비족은 요하 부근에서 이웃나라 고구려와 자주 싸우고 있었다. 이에 유리왕이 이들을 정벌할 것을 의논하였다.

「선비가 우리와는 우호관계를 맺지 않고 노략질을 일삼아 백성의 근심이 되고 있소. 이들을 꺾을 묘책이 없겠소?」

이때 지략이 뛰어난 부분노가 나와 말했다.

「선비는 험한 지형에 의지한 채 그 족속들이 사납고 또한 무지합니다. 이들은 계교로써 정복해야 합니다.」

임금이 물었다.

「어떤 계교를 쓰는게 좋겠소?」

부분노가 대답했다.

「거짓으로 나라를 배반한 사람을 보내어 고구려는 나라가 작고 군사력도 보잘 것 없어 오래 지탱하지 못할 겁니다 라고 말하면, 선비는 우리에 대한 방비를 소홀히 할 것

입니다. 신은 그 기회를 놓치지 않고 군사를 거느리고 지름길로 나아가 진을 칩니다. 그리고 별도로 약한 군사를 보내어 성의 남쪽에 진을 치고 싸우다 짐짓 패하여 달아나게 합니다. 적은 반드시 멀리 추격해 올 것입니다. 이 틈에 신은 군사를 거느리고 빈 성을 공격하고, 대왕께서는 몸소 기병을 이끌고 양쪽에서 적을 친다면 크게 무찌를 수 있습니다.」

임금은 그렇게 하도록 허락했다.

고구려 군사가 접근하자 선비는 성문을 열고 추격해 왔다. 이때 부분노는 빈 성 안으로 쳐들어가니 선비가 계략에 말려든 것을 알고 돌아 왔으나 부분노는 적을 잘 막아내며 크게 무찔렀다. 임금도 이 틈에 기병을 이끌고 쳐들어가니 적은 앞뒤로 공격을 당해 마침내 항복하였다. 임금은 이번 싸움에 가장 공이 큰 부분노에게 식읍을 내리고자 했으나, 굳이 사양하므로 황금 30근과 말 10필을 하사했다.

7

따라서 잘 싸우는 이는 승리를 세(勢)에서 찾고, 개인에게 책임을 묻지 않는다. 그러므로 인재를 잘 발탁하여 쓰며 전투는 세에 맡긴다. 세에 맡긴다 함은 장병을 싸우게 함에 있어 마치 나무나 돌을 굴리듯이 하는 것이다. 나무나 돌의 성질은 안정된 곳에 두면 가만히 있고, 위태로운 곳에서는 움직이며, 모나면 멈추고, 둥글면 구르게 마련이다. 그러므로 용병술에 뛰어난 사람은 마치 둥근 돌을 천길 낭떠러지에 굴리는 것과 같이 세를 만들어 내는 것이다.

故로 善戰者는 求之於勢하고 不責於人하나니 故로 能擇人而任
고   선전자   구지어세   불책어인   고   능택인이임

勢라. 任勢者는 其戰人也에 如轉木石하니 木石之性은 安則靜
세   임세자   기전인야   여전목석   목석지성   안즉정

하고 危則動하며 方則止하고 圓則行이니라. 故로 善戰人之勢는
     위즉동   방즉지   원즉행   고   선전인지세

如轉圓石於千仞之山者니 勢也라.
여전원석어천인지산자   세야

❖

인(仞) : 일 인(仞)은 여덟 자임.

〈풀이〉

로마 공화정 말기인 B.C. 60년 케자르와 폼페우스와 크랏수스는 원로원과 맞서 제1차 삼두정치를 성립케 한다. 그러나 케자르의 딸이자 폼페우스의 아내인 율리아가 죽고(B.C. 54년), 폼페우스와 케자르 사이에서 완충역할을 하던 크랏수스마저 파르티아 원정에서 전사(B.C. 53년)하자, 이 두 세력의 충돌은 피할 수 없게 된다.

갈리아의 총독으로 날로 위세가 높아져 가는 케자르에게 위협을 느낀 폼페우스는 원로원을 사주하여 갈리아 속주의 통치권을 로마에 반환하라는 명령을 내리게 한다(B.C. 49년 정월). 케자르가 다스리고 있는 갈리아 속주와 이탈리아 사이에는 루비콘 강이 경계선을 이루고 있었다. 이때 그는 주사위는 던져졌다는 각오로 그 강을 건넜다. 한편 원로원과 제휴하여 케자르를 실각시키려던 폼페우스는

그의 과감한 공세에 맞서지 못한 채 그리이스로 도주하였다. 그러나 이베리아 반도에는 폼페우스의 부장들이 수만 명의 병력으로 포진하고 있었다. 그러므로 케자르는 이들을 먼저 소탕하여 배후의 위협을 제거해야만 했다. 이 이베리아(지금의 스페인) 전쟁에서 빛나는 승리를 거둔 케자르는 로마로 개선한다(B.C. 49년 12월).

그는 곧 아드리아 해를 건너 발칸반도에 상륙하여 폼페우스와 대결하게 된다. 당시 폼페우스는 보병 4만 7천과 기병 7천을 거느리고 있었다. 이에 맞서는 케자르의 병력은 보병이 2만 2천이요, 기병은 1천에 불과했다. 다만 폼페우스의 군대는 훈련이 부족한 오합지중인데에 반하여 케자르의 군대는 실전 경험이 풍부한 고참병들로 단결력과 사기에 있어 적군을 훨씬 능가하고 있었다. 이들은 그리이스 북부 테살리아 지방의 파르살로스에서 천하의 패권을 놓고 싸우게 된다.

운명의 그날 케자르는 우군을 맡고, 안토니우스는 좌군, 도미티우스 칼비누스는 중군을 맡아 전투에 임하였다. 케자르는 뒷줄에 포진한 보병들에게 폼페우스의 기병을 퇴치할 공격법을 가르쳐 주었다. 한편 폼페우스도 군대를 3분하여 자신은 우군을 맡고, 좌군은 도미티우스, 중군은 스키피오에게 맡겼다.

그는 기병을 모두 왼쪽에 배치하여 케자르의 우군을 무찌르고자 하였다. 이는 노련한 보병대도 기병대로 질풍처럼 쳐들어가면 무너지고 만다는 생각이었다. 폼페우스는 또한 보병군단에는 적이 가까이 오면 창을 던져 제압하라고 명한다. 케자르가 드디어 공격 명령을 내리자 그의 보병부대가 함성을 지르며 돌격하였다. 피아의 보병들이 격전을 벌이고 있을 때 폼페우스의 기병대가 케자르군의 오른쪽을 포위할려고 했다. 그러나 이들은 케자르가 숨겨둔 보병대에게 오히려 선제공격을 당한다. 케자르의 보병들은 적군의 얼굴을 겨누며 창을 바싹 내밀었다. 폼페우스 기병들은 나이가 어리고 전쟁경험이 없는 풋내기인지라 얼굴에 상처를 입을까 겁내고 있었다. 이들은 변변히 싸워보지도 못한 채 얼굴을 돌리고 달아나기에 바빴다. 이는 적의 약점을 간파한 케자르의 독특한 전술이었다.

적의 기병대를 무찌른 케자르의 군대는 곧 보병부대마저 포위하여 일대 섬멸전을 전개하였다. 폼페우스는 자기의 기병들이 흩어진 채 달아나는 것을 보고도 이를 저지할 수 없었다. 그는 케자르의 군대가 진영내에까지 쳐들어오자 옷을 갈아입고는 이집트로 달아났다.

이날의 승리(B.C. 48년 8월 9일 파르살로스)로 케자르는 로마공화정의 제1인자가 되어 정치가로서도 큰 업적을 남긴다. 용병술에 뛰어난 그는 전투란 천길 낭떠러지에 돌을 구르게 하듯 세(勢)를 타야만 이길 수 있다는 것을 잘 알고 있었다. 그러므로 그는 승리를 병사 개인의 용맹보다 세에서 찾아야 한다는 손자의 교리를 스스로 터득하고 있었던 것이다.

6. 허실편(虛實篇)

지휘관은 적의 허(虛)와 실(實)을 제대로 살펴 공격과 방어에 차질이 없도록 해야 한다. 또한 진격과 후퇴를 자유자재로 행하며, 집중된 병력으로 분산된 적을 무찌른다. 전투란 본시 일정한 형태가 없고 또한 변수가 따르게 마련이다. 그러므로 지휘관은 그때 그때의 상황에 따른 전략과 전술로 적을 제압해야 한다. 이렇게 순발력과 기민함을 갖춘 이라면 늘 전쟁의 주도권을 장악할 수 있을 것이다.

1

손자가 말하였다.

무릇 먼저 싸움터에 나아가 적을 기다리는 군대는 편하고, 나중에 싸움터로 나아가는 군대는 피곤하다. 따라서 용병에 능한 이는 적을 조종하되 적에게 조종당하지 않는다.

孫子曰 凡先處戰地하여 而待敵者는 佚하고 後處戰地하여 而趨
손자왈 범선처전지 이대적자 일 후처전지 이추

戰者는 勞니 故로 善戰者는 致人하되 而不致於人이니라.
전자 노 고 선전자 치인 이불치어인

일(佚) : 편안함.

치인(致人) : 적을 자기 뜻대로 조종함.

불치어인(不致於人) : 적에게 조종당하지 않음.

〈풀이〉

제2차 포에니 전쟁 초기에(B.C. 218년 봄에 시작됨) 이미 로마군은 한니발의 교묘한 전술에 말려들어 두 번씩이나 패전한다(트레비아·트라시메누스). 이에 로마 당국은 파비우스를 군정관, 미누키우스를 기병대장으로 임명하여 강적을 물리치도록 했다. 파비우스는 전략과 전술면에 있어 자기보다 한수 위인 한니발과 한 번의 싸움으로 승부를 가리고자 하지 않았다. 그 대신 지연작전으로 적을 지치게 한 다음 압도적인 전력으로 무찌를 생각이었다.

신중한 그는 늘 적군의 기습을 경계하며, 그들의 이동에 따라 일정한 거리를 두고 아군도 이동시켰다. 이와 같은 방어 위주의 전술로 파비우스는 부하들의 신망을 잃었으나, 정작 한니발만은 그의 전술을 높이 평가했다. 당시 한니발은 병력의 손실과 식량의 부족으로 싸움을 뒤로 미룰수록 불리할 수밖에 없었다. 한니발은 모든 수단을 동원하여 파비우스와의 결전을 시도했으나 그는 이에 전혀 말려들지 않았다.

그러나 미누키우스는 적군과 싸우기를 강요하며 파비우스를 괴롭혔다. 병사들도 파비우스가 한니발 군대의 이동에 따라 이동하는 것을 비겁한 행위로 보고 이를 조롱하였다. 이들의 불평과 조소를 잘 알고 있는 파비우스의 측근은 그에게 적군과 한 번 싸워 위신을 회복하라고 조언하였다. 그러나 파비우스는 이렇게 말했다.

「남들의 비난과 모욕 때문에 자기의 전략과 전술을 버린다면 이는 진짜 바보가 되는 것이오. 나라를 위하는 일이라면 내 개인이 수치를 당하는 것쯤은 상관이 없소.」

그후 파비우스가 제사를 드리기 위해 로마로 간 사이에 미누키우스는 한니발군과의 소전투에 이겨 승리감에 도취되었다. 이 사소한 싸움이 로마에 과장보도 되자 사람들은 미누키우스의 용기를 찬양하고, 파비우스 전략을 비난했다. 그러나 이와 같은 대중의 몰이해도 파비우스의 전략을 바꾸게 할 수는 없었다.

그가 진지로 돌아오자 미누키우스는 전군을 하루 건너 교대로 지휘하자고 요구했다. 이는 당국이 이미 미누키우스에게 피비우스와 동등한 권한을 부여했던 것이다. 파비우스는 지휘권을 교대하기보다는 군대를 둘로 나누어 지휘하기로 했다. 한편 한니발은 로마군의 이와 같은 동태를 살피며 기회가 오기를 기다렸다.

미누키우스는 자신의 군대를 이동시켜 파비우스군과는 조금 떨어진 곳에 포진하였다. 한니발과 미누키우스의 군대 사이에는 산이 있었다. 한니발은 한 밤중에 산 아래의 움푹 패인 곳에 병사들을 숨겨두고, 날이 샐 무렵 소수의 병력을 산 위로 올려보냈다. 이는 적을 유인하기 위한 미끼였던 것이다. 미누키우스는 병사들을 보내어 이들을 공격케 했다. 그러자 한니발은 산 위에 좀 더 많은 병력을 보내었다. 이에 미누키우스는 전 병력을 이끌고 직접 공격에 나섰다. 그는 병사들을 격려하며 용감히 싸웠다. 이제 적군이 속임수에 말려든 것을 본 한니발은 복병에게 공격 명령을 내린다. 움푹 패인 곳에 숨어 있던 병사들은 함성을 지르며 로마군의 뒤로 달려들었다. 뜻밖에 나타난 복병에 의해 로마군은 공포와 혼란에 휩싸인다. 카르타고의 기병대는 달아나는 로마군의 뒤를 쫓으며 이들을 살해하였다. 한편 조금 떨어진 곳에서 우군의 동태를 살피던 파비우스는 이 광경을 보고 이렇게 외쳤다.

「아! 미누키우스가 저렇게 쉽게 적군의 함정에 빠지다니!」

그는 곧 전군에게 출동명령을 내린다. 파비우스의 생력군이 미누키우스군의 뒤를 공격하는 적군을 사납게 몰아부치자 이들은 달아났다. 이리하여 로마군의 위기는 해소되었다.

이 싸움 이후 미누키우스는 자신의 실책을 반성하며 파비우스의 명령에 즐겨 복종하였다 한다. 파비우스는 한니발에게 조종당하지 않은 채 지연작전으로 적군을 소모시켜 조국을 지켰던 것이다. 그의 전략과 전술은 제갈량의 침공을 지연작전으로 막아내었던 위나라 사마의의 그것과 흡사한 바가 있다.

2

적으로 하여금 스스로 나오게 하려면 이로움이 있을 듯 보여야 하고, 적으로 하여금 스스로 나오지 못하게 하려면 해로움이 있을 듯 보여야 한다. 따라서 적군이 편안하면 능히 이를 수고롭게 하고, 배부르면 능히 이를 굶주리게 하며, 안정되면 능히 이를 동요하도록 해야 한다.

能使敵人自至者는 利之也오 能使敵人不得至者는 害之也니 故
능사적인자지자   이지야   능사적인부득지자   해지야   고

로 敵佚이면 能勞之하고 飽면 能飢之하며 安이면 能動之니라.
  적일   능로지   포 능기지   안   능동지

❖

자지(自至) : 스스로 오도록 함.
포(飽) : 배부르게 먹음.
기(飢) : 굶주리다. 기(饑)와 같음.
동지(動之) : 이를 동요케 함.

〈풀이〉

　이목(李牧)은 조나라 북쪽 국경을 잘 지킨 뛰어난 장수
였다. 일찍이 그는 안문(鴈門)에 머물러 흉노와 대치하였
다. 이목은 자신의 재량으로 관리를 임명하고 상인들에게
세금을 거두어 군사비에 썼다. 그는 자주 소를 잡아 병사
들을 먹이며, 활쏘기와 말타기 훈련을 시켰다. 그리고 적
이 침입하면 봉화를 올리게 하고, 첩자들을 여러 곳에 풀
어놓아 정보를 수집케 하며, 병사들을 후하게 대접했다.
또한 그는 이렇게 군령을 내렸다.

　「흉노가 쳐들어와 노략질을 할 때는 재빨리 가축을 거
두어 성 안으로 피신하여라. 적을 사로잡는 자는 목을 베
겠노라.」

　그러므로 흉노가 쳐들어오면 봉화를 올려 백성들과 가
축을 성 안으로 피하게 하고 나아가 오랑캐와 싸우려고
하지 않았다. 이리하여 몇 해가 지나도 백성과 군사들은
피해를 당하지 않았으나, 흉노와 조나라 군사들은 그를 단
순히 겁쟁이로만 알고 있었다.

　조나라 임금은 이목을 책망했으나 그는 결코 자신의 방
책을 바꾸지 않았다. 조왕은 이목을 해임하고 다른 사람을
대신 장수로 삼았다. 그후 1년 동안 흉노가 쳐들어 올 때
마다 조나라 군사는 싸웠고, 또한 싸움에 져서 손실이 많

았다. 그리고 관내의 백성들도 농사일과 가축치기를 할 수가 없게 되었다. 조정에서는 다시 이목을 임용하려고 했으나 그는 병을 핑계삼아 이를 사양했다. 이에 조나라 임금이 억지로 그에게 장군직을 맡기자 그는 이렇게 말했다.

「대왕께서 굳이 소신을 쓰실 의향이시면 소신이 그전에 내린 방책을 그대로 쓰도록 윤허해 주십시요.」

임금은 그의 청을 허락했다.

이목은 임지에 이르자 다시 옛날과 같은 방책을 시행하였다. 그래서 흉노는 몇년 동안 아무런 소득이 없었으나, 여전히 그를 비겁한 자로만 알고 있었다. 변경의 병사들은 날마다 잘 먹고 편하게 지내게 되자 한번 오랑캐와 싸우기를 원했다. 이에 이목은 튼튼한 전차 1천 3백 대, 좋은 말 1만 3천 필을 모았다. 그리고 용감한 병사 5만과 활쏘기에 능한 병사 10만을 모아 강도 높은 훈련을 시켰다. 또한 이목은 많은 가축을 방목하고, 들판에는 백성들로 가득차게 했다. 그때 마침 흉노가 쳐들어 왔다. 그는 사람과 가축을 남겨둔 채 거짓 패하여 달아났다.

흉노의 임금이 이 소식을 듣고 전 병력을 이끌고 쳐들어 왔다. 그러자 이목은 좌우로 날개처럼 펼친 진으로 이들을 쳐서 크게 무찔렀다. 이 싸움에서 그는 10여만의 흉노 기병을 죽이고, 여세를 몰아 여러 오랑캐 부족들을 정복하였다. 그후 10여 년 동안이나 흉노는 조나라의 변경에 얼씬거리지 못했다고 한다.

3

적이 달려가지 못할 곳으로 나아가고, 적이 생각하지 않은 곳으로 쳐들어 간다. 천리를 행군하여도 수고롭지 않음은 적이 없는 곳으로 나아가기 때문이다. 공격하면 반드시 탈취함은 적이 지키지 않은 곳을 치기 때문이다. 수비가 반드시 견고함은 적이 공격할 수 없는 곳을 지키기 때문이다.

따라서 공격에 능한 이는 적이 수비할 데를 모르게 하고, 수비에 능한 이는 적이 공격할 데를 모르게 한다. 은밀하고 은밀하여 형태가 없는 경지에 이르며, 신비하고 신비하여 소리가 없는 경지에 이른다. 그러므로 능히 적의 목숨을 마음대로 다룰 수 있는 것이다.

出其所不趨하고 趨其所不意니라. 行千里而不勞者는 行於無人
출기소불추　　추기소불의　　행천리이불로자　　행어무인

之地也오 攻而必取者는 攻其所不守也오 守而必固者는 守其所
지지야　공이필취자　공기소불수야　수이필고자　수기소

不攻也라. 故로 善攻者는 敵不知其所守하고 善守者는 敵不知
불공야　고　선공자　적부지기소수　　선수자　적부지

其所攻이니라. 微乎微乎여 至於無形하고 神乎神乎여 至於無聲
기소공　　미호미호　지어무형　　신호신호　지어무성

이니 故로 能爲敵之司命이로다.
고　능위적지사명

❖

추기소불의(趨其所不意) : 적이 예상하지 않은 곳으로 쳐들어 감.

미(微) : 미묘함, 은밀함, 미세함.

신(神) : 신묘함, 신비함.

사명(司命) : 사람의 목숨을 주관하는 별 이름.

〈풀이〉

조사(趙奢)는 본시 조나라의 세금을 징수하는 관리였다. 강직하고 책임감이 강한 그는 평원군(平原君)의 천거로 나라의 조세를 다스리는 지위에 올랐다. 조사의 노력으로 세금이 공평하게 부과되고, 백성의 살림은 넉넉해지며, 재정도 충실하게 된다.

그 무렵 진(秦)나라가 한(韓)나라를 치기 위해 조나라의 알여(閼與)에 군대를 머물게 했다.

조나라 임금은 이 일을 염파에게 물었다.

「알여를 구해낼 수 있겠소?」

염파가 대답했다.

「길이 멀고 험해서 구해내기가 어렵습니다.」

임금은 악승과도 상의했으나 역시 같은 대답이었다. 그래서 이번에는 조사에게 물었다. 조사는 「길이 멀고 험하며, 또한 좁은 지역으로 마치 쥐들이 구멍 속에서 싸우는 꼴이 됩니다. 용기있는 자가 이기게 마련입니다.」라고 말했다.

임금은 조사를 지휘관으로 임명하여 구원하러 보냈다. 군대가 조나라 수도인 한단(邯鄲)에서 30리 지점에 이르렀을 때 조사는 군령을 내렸다.

「작전에 대해 간하는 자는 참형에 처한다.」

그때 진나라 군사는 한단의 서쪽에 위치한 무안(武安)에 진을 치고 북을 울리며 함성을 질러 그 고을의 기왓장이 흔들릴 지경이었다. 이를 본 조나라의 한 정찰병이 돌아와 「빨리 무안을 구하십시오.」라고 말했다. 이에 조사는 즉시 그 병사의 목을 베었다. 그리고는 보루를 튼튼히 쌓아 올리며 한 달 가까이 머물러 있었다. 그때 진나라 첩자가 붙잡혀 오자 조사는 그를 잘 먹이여 돌려보냈다. 첩자가 돌아가 이 일을 보고하자 진나라 장수는 크게 기뻐하며 말했다.

「겨우 수도에서 30리 떨어진 지점에 군대를 주둔하고 보루만을 쌓고 있다니, 알여는 이미 포기한 셈이구나.」

조사는 진나라 첩자를 돌려보내고 나서 서둘러 군사들의 갑옷을 벗기고, 가벼운 몸차림으로 알여를 향해 떠났다. 그들은 사흘 만에 그곳에 당도하였다. 그는 활을 잘 쏘는 병졸들을 배치하고 진을 쳤다. 이때 조사의 군졸 중에 허력(許歷)이란 자가 작전에 대해 드릴 말씀이 있다고 나섰다. 조사가 그를 막사 안으로 들어오게 했다.

허력이 말하기를 「진나라 군사는 조나라 군사가 또 오지 않으리라 여기고, 과감하게 쳐들어 올 것입니다. 아군은 진지를 견고히 하여 이를 막아내야 합니다. 그렇지 않으면 싸움에 지게 됩니다.」라고 했다.

조사는 「작전에 대해 말하면 목을 벤다고 했다. 그대도 그 군령에 따라야 하네.」라고 말했다. 허력이 「이미 죽을 각오는 되어 있습니다.」 했다.

드디어 두 나라 군대 사이에 싸움이 벌어졌다. 이때 허력이 또 말하기를 「먼저 북산(北山) 꼭대기를 차지해야 이길 수 있습니다.」라고 했다. 조사도 그렇게 여기고 병사 1만을 북산으로 보내었다.

진나라 병사들은 뒤늦게 달려와 이를 빼앗으려고 했으나 패하고 만다. 이에 조사가 전군을 이끌고 진나라 군대를 쳐부수자, 그들은 쫓기어 달아났다. 이리하여 조나라 군사는 알여의 포위를 풀고 큰 승리를 거두었다. 이에 조나라의 혜문왕은 조사에게 마복군(馬服君)의 칭호를 내리고, 허력에게는 국위(國尉)벼슬을 주었다(B.C. 270년).

4

쳐들어가도 막아내지 못함은 그들의 빈틈을 찌르기 때문이요, 물러나는 데도 쫓지 못함은 그 행동이 빨라서 미치지 못하는 까닭이다. 따라서 이 편이 싸우기를 원한다면, 적이 비록 보루를 높이 쌓고 해자를 깊이 파 놓았어도 싸우지 않을 수 없는 것은, 그들이 꼭 구해내야 할 데를 공격하기 때문이다. 이에 반하여 이 편이 싸우기를 원치 않는다면 비록 땅바닥에 금을 긋고 지켜도 적이 싸우지 못하는 것은, 그들이 꾀하는 바를 어긋나게 하기 때문이다.

進而不可禦者는 衝其虛也오 退而不可追者는 速而不可及也니
진이불가어자   충기허야   퇴이불가추자   속이불가급야

故로 我欲戰이면 敵雖高壘深溝라도 不得不與我戰者는 攻其所
고   아욕전   적수고루심구   부득불여아전자   공기소

必救也오 我不欲戰이면 雖畫地而守之라도 敵不得與我戰者는
필구야   아불욕전   수획지이수지   적부득여아전자

乖其所之也라.
괴기소지야

❖❖

어(禦) : 막아냄, 저지함.

충(衝) : 찌르다.

불가급(不可及) : 미치지 못함.

고루심구(高壘深溝) : 보루를 높이 쌓고 해자를 깊게 파 놓음.

획지(畫地) : 땅에 금을 그어 놓음.

괴기소지야(乖其所之也) : 상대방이 꾀하는 바를 어긋나게 함.

〈풀이〉

212년 로마 원로원은 코르넬리우스 스키피오(당시 24세)를 이베리아반도에 파견하는 군대의 사령관으로 임명한다. 이처럼 파격적인 중용에는 그가 유서깊은 가문의 후예라는 점도 큰 작용을 한 것 같다. 이베리아(지금의 스페인)로 건너간 스키피오는 카르타고군의 기지를 격파하고, 여러 부족을 정복하여 로마의 위세를 떨쳤다. 한편 카르타고 정부도 그곳에 증원군을 보내었으나 그들은 스키피오의 적수가 되지 못한다.

B.C. 206년 여름에 이 반도는 완전히 로마 군대의 수중에 장악되었다. 스키피오는 그 해 가을에 로마로 개선하여 민중의 열렬한 환영을 받는다. 민중은 젊고 유능한 장군을 집정관으로 선출하여 그의 공로에 보답하였다. 그러나 스키피오는 이에 만족치 않고 전쟁의 무대를 아프리카로 옮겨야 한다고 주장했다. 파비우스는 이 계획을 저지하는데 앞장선다. 그는 이를 젊은이의 무모한 객기에 지나지 않는다고 보았던 것이다. 그러므로 현명한 파비우스도 이 점에 있어서는 오류를 범한 셈이다.

결국 민중의 지지와 로마 동맹시의 협조로 스키피오는

원정군을 이끌고 아프리카로 건너갔다(B.C. 204년). 그는 처음에는 별다른 성과를 거두지 못했으나 B.C. 203년에는 누미디아인을 동맹자로 포섭하게 된다. 누미디아인들은 원래 카르타고의 동맹자로서 그들의 전쟁 수행을 위한 인적 자원 구실을 한 바 있다. 따라서 이들의 이탈로 카르타고는 막대한 타격을 입고, 로마와 휴전 협정을 체결해야만 했다. 그러나 이 협정은 곧 파기되었다.

드디어 스키피오의 로마군과 본국 정부의 명령으로 소환된 한니발의 카르타고군은 북아프리카의 자마에서 조국의 운명을 걸고 일전을 벌여야 했다. 이 싸움에서 한니발은 코끼리 부대를 전면에 배치했으나, 기병이 열세인 것이 큰 약점이었다. 전투가 벌어지자 좌우에 포진한 로마의 기병대는 카르타고 기병을 무찌르며, 배후로 침투하여 이들을 포위하였다. 이는 원래 한니발이 잘 쓰는 전술이었으나 스키피오가 습득하여 역이용한 것이다. 결국 한니발은 여기에서 최초이자 최후의 패배를 당하게 된다.

항복한 카르타고는 이베리아반도의 영유권을 포기하고 50년 동안 해마다 2백 달렌트의 배상금을 물어야 했다. 이렇게 해서 제2차 포에니 전쟁은(B.C. 218~202) 로마의 승리로 끝나게 된다. 전쟁의 무대를 아프리카로 옮긴 스키피오는 한니발이 반드시 구출해야 될 급소를 공격하여 그를 불리한 싸움에 끌어들인 것이다. 로마는 이와 같은 우회적인 전략 덕분에 지중해 세계의 패자(霸者)로 군림하게 된다.

5

그러므로 적의 배치를 드러나게 하고, 아군의 배치는 드러내지 않으면, 이 편은 집중할 수 있고 적은 분산된다. 아군은 모여서 하나가 되고, 적은 흩어져서 열로 나뉘어지면 이는 곧 열 명이 한 명을 공격하는 것이 된다. 말하자면 아군은 많고 적은 그 수가 적은 셈이다. 이렇게 많은 병력으로 적은 병력을 공격하게 되면 아군은 그만큼 상대하기가 쉬워지는 것이다.

아군이 싸울 곳을 적이 알지 못하면, 그들은 지켜야 할 데가 많아진다. 지켜야 할 데가 많아지면, 아군과 싸울 사람이 적어지는 셈이다. 따라서 앞면을 지키면 뒷면의 병력이 적어지고, 뒷면을 지키면 앞면의 병력이 적어진다. 또한 왼쪽의 병력을 지키면 오른쪽의 병력이 적어지고, 오른쪽을 지키면 왼쪽의 병력이 적어진다. 모든 곳을 다 수비하게 되면 결국 모두 약화되는 것이다. 병력이 약화된 것은 적에 대비하여 이를 분산시키기 때문이요, 병력이 강화된 것은 적을 흩어지게 해 놓고 자기를 방어하기 때문이다.

故로 形人而我無形하면 則我專而敵分이라. 我專爲一하고 敵分
고   형인이아무형   즉아전이적분   아전위일   적분

爲十이면 是는 以十으로 攻其一也니 則我衆而敵寡하여 能以衆
위십   시   이십   공기일야   즉아중이적과   능이중

擊寡者면 則吾之所與戰者는 約矣라. 吾所與戰之地를 不可知니
격과자   즉오지소여전자   약의   오소여전지지   불가지

不可知면　則敵所備者多니라.　敵所備者多하면　則吾所與戰者는
불가지　　즉적소비자다　　　적소비자다　　　　즉오소여전자

寡矣니　故로　備前則後寡하고　備後則前寡하며　備左則右寡하고
과의　　고　　비전즉후과　　　　비후즉전과　　　　비좌즉우과

備右則左寡하여　無所不備하면　則無所不寡니라.　寡者는　備人者
비우즉좌과　　　무소불비　　　즉무소불과　　　　과자　　비인자

也오　衆者는　使人備己者也라.
야　　중자　　사인비기자야

❖

형(形) : 군대의 행태. 곧 태세나 배치 등을 말함.

아전위일(我專爲一) : 아군은 집중하여 하나가 됨.

분(分) : 분산됨.

약(約) : 간략함. 싸우기 쉬운 것.

오소여전지지(吾所與戰之地) : 아군이 적과 더불어 싸울려는 곳.

소비자다(所備者多) : 지켜야 할 데가 많아짐.

무소불비(無所不備) : 어느 곳이나 다 수비하게 됨.

〈풀이〉

　이 장에서 손자는 이 편의 집중된 병력으로 상대방의 분산된 병력을 공격해야 함을 역설하고 있다. 그러기 위해서는 아군의 태세를 드러내지 말고, 또한 어디를 노리고 있는지를 적이 눈치채지 못하게 한다. 따라서 적은 여러 곳을 모두 방어하기 위해 병력을 분산시킬 수밖에 없다. 이제 아군은 흩어진 적을 상대로 자신의 집중된 힘을 투입할 수 있게 된다. 우세한 병력으로 약화된 적을 치게 되면 전자가 승리할 것은 자명한 일이다. 지난 날의 탁월한 장군들은 모두 이 집중의 원리를 터득한 이들이었다.

6

그러므로 싸울 곳을 알고 그 날짜를 알면 천리 밖에 나가서 싸울 수도 있다. 그러나 싸울 곳과 그 날짜를 모르면 왼편 군대가 오른편 군대를 구원할 수 없고, 오른편 군대는 왼편 군대를 구원할 수 없으며, 앞이 뒤를 구원할 수 없고 뒤가 앞을 구원할 수도 없다. 하물며 멀면 수십 리 가까워도 몇 리 밖에 있는 우군을 구할 수 있겠는가.

내 이를 헤아려보건대 월나라 군대가 비록 많다고는 하나 어찌 승리에 도움이 되겠는가. 따라서 승리는 만들 수 있다고 했다. 적군이 비록 많다고 해도 싸울 수 없게 할 수 있는 것이다.

故로 知戰之地하고 知戰之日하면 則可千里而會戰이나 不知戰
고   지전지지   지전지일   즉가천리이회전   부지전

地하고 不知戰日이면 則左不能救右하고 右不能救左하며 前不
지   부지전일   즉좌불능구우   우불능구좌   전불

能救後하고 後不能救前이니 而況遠者數十里하고 近者數里乎
능구후   후불능구전   이황원자수십리   근자수리호

아. 以吾度之면 越人之兵이 雖多나 亦奚益於勝敗哉리오. 故로
   이오탁지   월인지병   수다   역해익어승패재   고

曰 勝可爲也니 敵雖衆이라도 可使無鬪라.
왈 승가위야   적수중   가사무투

❖

회전(會戰) : 군대가 어울려서 싸우는 것.

황(況) : 하물며.

해(奚) : 어찌.
승가위(勝可爲) : 이기도록 만들 수 있음.
무투(無鬪) : 싸울 수 없음.

〈풀이〉

적의 움직임과 허실을 살펴 싸울 장소와 그 시기를 알고 있다면, 이는 곧 전쟁의 주도권을 장악한 것이다. 그러나 상대방의 그것을 파악치 못하는 자는 늘 수동적인 위치에 놓이게 된다. 따라서 군사가 많아도 상대방의 술수에 말려들어 전후좌우로 이를 분산시킬 뿐 집중된 힘을 떨칠 수 없는 것이다. 이렇게 약화된 적을 상대로 이 편이 집중된 병력을 투입하여 친다면 크게 무찌를 수가 있다. 승리란 결국 지혜로운 이에 의해 만들어지는 것이다.

7

그러므로 적정(敵情)을 헤아리여 작전의 이롭고 불리함을 알고, 적을 건드려 그 움직임의 유형을 파악하며, 적의 대비태세를 드러내게 하여 그 진지가 죽을 땅인지 살 땅인지를 살피고, 적과 잠시 겨루어 그 부서의 충실한 데와 허술한 곳을 파악한다.

故로 策之而知得失之計하고 作之而知動靜之理하며 形之而知
고   책지이지득실지계   작지이지동정지리   형지이지

死生之地하고 角之而知有餘不足之處니라.
사생지지   각지이지유여부족지처

❖

책(策) : 헤아리고 분석함.

득실(得失) : 이롭고 불리함.

동정(動靜) : 어떤 움직임이 전개되어 가는 상태.

각지(角之) : 적과 힘을 겨루다.

〈풀이〉

손자는 싸우기 전에 지휘관이 파악해야 할 네 가지 사항에 대해 언급하고 있다.

① 전투로 인한 아군의 이익과 손해를 계산해 봐야 한다. ② 적을 자극하여 그 대비태세의 유형을 안다. ③ 적진에 쳐들어 갈 경우 그 지형이 아군에게 유리한 곳인지 또는 불리한 곳인지를 파악해야 한다. ④ 탐색전으로 적의 병력배치의 약점과 장점을 살펴야 한다.

이상의 네 가지 사항에 대한 정보수집과 이의 합리적 분석은 바로 승리에 이르는 지름길이 된다.

8

그러므로 군형(軍形)의 극치는 그 형태가 눈에 띄지 않는데 있다. 그 형태가 눈에 띄지 않으면 깊이 스며든 첩자도 엿볼 수 없고, 슬기로운 적장도 능히 술수를 부릴 수가 없다. 여러 사람들은 그 무형(無形)으로 인한 승리를 보고도 그 내용을 알지는 못 한다. 다시 말하자면 병사들은 아군이 승리할 때의 전투태세는 알고 있으나, 어떤 계략으로 이길 수 있었는지는 이해하지 못하는 것이다. 따라서 한번 싸움에 이긴 방법은 두 번 되풀이해서는 아니되고, 상황에 따라 이에 대응하는 계략과 전술은 무궁무진해야 한다.

故로 形兵之極은 至於無形하나니 無形則深間이 不能窺하며 智
고 형병지극 지어무형 무형즉심간 불능규 지

者도 不能謀나라. 因形而錯勝於衆이나 衆不能知하나니 人皆知
자 불능모 인형이조승어중 중불능지 인개지

我에 所以勝之形이나 而莫知吾所以制勝之形이라. 故로 其戰勝
아 소이승지형 이막지오소이제승지형 고 기전승

不復는 而應形於無窮이니라.
불부 이응형어무궁

❖

형병지극(形兵之極) : 군형(軍形)의 극치.

무형(無形) : 그 형태가 없음. 그 형태가 눈에 띄지 않음.

심간(深間) : 깊이 침투한 첩자.

규(窺) : 남몰래 보거나 살핌.

조승(錯勝) : 이기도록 조치함. 조(錯)는 조(措)와 같음.

불부(不復) : 되풀이하지 않음.

응형어무궁(應形於無窮) : 상대방의 군형에 따라 대응하는 전술은 무궁무진함.

〈풀이〉

B.C. 52년에 일어난 갈리아(지금의 프랑스)의 반란은 케자르에게 힘겨운 시련이었다. 아르베르니족(켈트인에 속함)의 임금 베르킨게토릭스는 케자르의 정치적 위상이 흔들리고 있음을 틈타 봉기한 것이다. 반란은 베르킨게토릭스의 조직적 선동으로 크게 확산되었다.

그는 부하 장수들을 여러 지역에 배치하여 로마군의 토벌에 대비하였다. 당시 북부 이탈리아에서 이 소식에 접한 케자르는 재빨리 진압군을 이끌고 갈리아로 쳐들어 갔다. 그는 저항하는 켈트인의 성과 진지를 무너뜨리며, 항복한 자들을 선무하였다. 케자르도 한때 반란군에 포위되어 고전했으나, 용기와 지략으로 그들을 무찌를 수 있었다. 이때 로마군에 패한 적군은 그들의 임금 베르킨게토릭스를 따라 알레시아로 대피하였다. 이 도시는 성곽이 높고 군사들이 많아 공격하기가 어려웠다. 케자르의 군대는 알레시아를 포위했으나, 도리어 적의 응원군(30만 대군)에 의해 역포위되고 만다. 이제 그들은 안팎으로 사나운 적과 맞서야 했다.

케자르는 이 도시의 안쪽과 바깥쪽으로 동시에 보루를 쌓아 적군을 막아내었다. 그리고 나서 그는 기민한 작전으로 바깥에서 아군을 포위하고 있는 적군부터 격파하였다. 이때 케자르는 시내에서 농성하고 있는 반란군이 미처 로마군의 동태를 눈치채지 못할 정도로 재빨리 이 작전을 끝마친 것이다. 당시 시내 쪽을 방어하던 로마군들도 아군이 적의 방패와 갑옷을 노획하여 돌아오는 것을 보고서야 비로소 대승을 거둔 것을 알았다고 한다.

바깥의 적을 정복한 케자르는 곧 전 병력으로 성 안에 있는 반란군을 공격하였다. 이 싸움은 피아간에 큰 손실을 치른 끝에 로마군의 승리로 매듭지게 된다. 반란군의 우두머리인 베르킨게토릭스는 케자르 군영으로 와서 항복하였다. 이 알레시아의 포위 공격전에서 케자르는 종전과는 다른 전술로 강적을 무찌른 것이다. 그는 적의 동태에 따라 늘 새로운 책략과 전술을 구사한 명장이었다.

9

군대의 태세는 물과 같아야 한다. 물의 형세는 높은 곳을 피하고 낮은 곳으로 흐르며, 군대의 태세는 충실한 데를 피하고 빈틈을 치는 것이다. 물은 지형에 의해 흐름이 정하여지고, 전쟁은 적으로 말미암아 승리가 규정된다. 그러므로 전쟁에는 고정된 형세가 없고, 물에도 일정한 형상이 없다. 적의 태세에 따라 변화함으로써 승리를 거둠을 일러 용병의 신(神)이라고 한다. 따라서 오행에는 늘 이기는 기(氣)가 없고, 네 계절도 항상 돌고 도는 것이다. 또한 하루 해에도 짧고 긴 날이 있고 달에도 보름달과 초생달이 있다.

夫兵形은 象水니 水之形은 避高而趨下하고 兵之形은 避實而擊
부병형　　상수　수지형　피고이추하　　병지형　　피실이격

虛하나니 水因地而制流하고 兵因敵而制勝이라. 故로 兵無常勢
허　　　수인지이제류　병인적이제승　　　고　병무상세

하고 水無常形하니 能因敵變化하여 而取勝者는 謂之神이니라.
수무상형　　능인적변화　　이취승자　위지신

故로 五行은 無常勝하고 四時는 無常位하며 日有短長하고 月有
고　오행　무상승　　사시　무상위　　일유단장　　월유

死生이라.
사생

❖

상수(象水) : 물의 모양을 닮음.

피실이격허(避實而擊虛) : 실(實)을 피하고 허점을 공격함.

상세(常勢) : 일정한 형세, 고정된 태세.

오행(五行) : 금(金)·목(木)·수(水)·화(火)·토(土)의 다섯 가지
　　원기(元氣). 이것들이 서로 낳고 이기는 관계에 의해 만물이
　　생성됨.
무상위(無常位) : 늘 고정된 위치에 있는 게 아님. 언제나 교체되
　　고 있다는 뜻.

〈풀이〉

　이탈리아에 침입한 한니발의 군대가 군정관 파비우스의
군대와 대치하던 시절의 이야기이다.

　어느 날 저녁 무렵 한니발은 캄파니아의 접경에 있는
카실리눔으로 군사를 이끌고 갔다. 이곳은 로트로누스 강
이 그 아래에 흐르고 있는 산악지대로, 하구에는 사람과
말이 빠져드는 수렁이 많았다. 한니발의 군대가 이 골짜기
로 내려가는 것을 본 파비우스는 이때에 공격을 가하기로
결심하였다. 평소 방어에만 치중하던 그도 모처럼 불리한
지형에 빠진 적군을 섬멸하고자 한 것이다.

　파비우스는 군의 주력을 산지에 매복하고, 일부의 병력
으로 좁은 출구를 막으며, 기동력이 있는 경무장부대로 적
의 후미를 쳐서 수백 명을 죽였다. 한니발은 후퇴하려고
했으나 산길을 모두 막고 있는 로마군을 돌파할 방책이
없었다. 적군이 로마군에 포위되어 절망상태에 빠졌을 때
에야 그는 탈출할 꾀를 생각해 내었다.

　한니발은 이전에 농가에서 약탈한 소 2천 두를 밤중에
풀어 놓기로 한다. 즉 일부 병사들에게는 소의 꼬리와 뿔
에 마른 나무를 달아매고 거기에 불을 질러 로마군이 막
고 있는 좁은 출구로 쳐들어가게 했다. 그리고 남은 군대
는 천천히 그 뒤를 따르도록 지시하였다. 소들은 머리와

꼬리에 불길이 닿자 미친 듯이 산아래로 내달았다. 출구를 막고 있던 로마군은 대군이 쳐들어 오는 것으로 착각한 채 공포에 휩싸이게 된다. 그들은 적군과 접전하지 못하고 본대로 달아났다. 이 틈에 한니발의 군대는 무사히 사지에서 빠져나올 수 있었다. 한니발은 늘 적의 태세에 따라서 기발한 용병술을 구사한 지장(智將)이었다. 이는 물이 지형을 따라 저절로 흘러가듯이 그의 전술도 고정된 틀이 없는 것이다.

7. 군쟁편(軍爭篇)

승리를 얻기 위해서는 피아(彼我)가 유리한 조건을 놓고 온갖 속임수를 구사해야 한다. 지혜로운 장수는 먼 길을 돌아가는 술수로 적의 허점을 찌르기도 하고, 적군의 동태를 주시하며 해이해 질 때를 노린다. 또한 잘 통솔된 적과는 전투를 피하며, 아군은 작전상 유리한 장소에서 쉬면서, 적군이 피로해 질 때를 기다리는 것이다.

1

손자가 말하였다.

대체로 용병하는 방법은 장수가 군주의 명령을 받아 군사를 집합시키고 무리를 모아 서로 대치하게 된다. 전투에서 기선을 제압하는게 가장 어려운 일이다. 기선을 제압하기 어렵다 함은 돌아감으로써 곧고 가까운 길로 삼고, 불리한 우환으로써 도리어 이로움을 얻기 때문이다. 그러므로 그 길을 돌아감으로써 이익을 주는 듯이 하여 적을 유인하고, 상대방보다 뒤늦게 떠나서 먼저 도착한다면 이는 우직(迂直)의 계(計)를 아는 사람이다.

孫子曰 凡用兵之法은 將受命於君하고 合軍聚衆하며 交和而舍
손자왈 범용병지법 장수명어군 합군취중 교화이사

니 莫難於軍爭이라. 軍爭之難者는 以迂爲直하고 以患爲利니라.
막난어군쟁 군쟁지난자 이우위직 이환위리

故로 迂其途하여 而誘之以利하고 後人發하여 先人至하나니 此
고 우기도   이유지이리   후인발   선인지   차

는 知迂直之計者也라.
지 우 직 지 계 자 야

❖

취중(聚衆) : 백성들을 징집함.

교화(交和) : 두 군대가 서로 마주보고 대치함. 화(和)는 군문
(軍門)을 뜻함.

사(舍) : 주둔함, 기거함.

군쟁(軍爭) : 주도권을 장악하기 위한 싸움.

이환위리(以患爲利) : 해로운 것으로써 이로움을 만듦.

우직지계(迂直之計) : 우회(迂回 ; 먼 길로 돌아가는 것)하여도 적
보다 먼저 이르는 계략.

〈풀이〉

노르망디의 영주 윌리암은 탁월한 용병술과 정치적 감
각을 지닌 걸물이었다. 그는 영국에서 에드워드 참회왕이
죽고 그의 의형제 해롤드가 왕위에 오르자(해롤드 2세,
1066년 1월), 할아버지의 인척관계에 의해 자기는 에드워
드 왕과 종형제 사이라고 주장하며 왕위 승계를 선언했다.
당시 영국은 왕권의 교체기에 흔히 볼 수 있는 그런 혼란
상태에 빠져 있었다. 이런 와중에 해롤드 왕의 동생 토스
틱은 노르웨이 왕 해롤드 하드라다와 함께 요오크셔 해변
에 상륙하였다. 토스틱은 무력으로 영국의 왕위를 찬탈하
고자 한 것이다. 해롤드 2세는 침략군과 힘겨운 싸움을
벌인 끝에 이를 스텐포오드 다리에서 전멸시킨다. 이 싸움
이 끝난 이틀 후 윌리암의 군대가 서섹스 해안에 상륙하
였다.

윌리암은 곧장 북쪽으로 쳐들어가지 않고 켄트와 서섹스 지방에서 노략질을 한다. 이는 해롤드 2세의 군대를 남쪽으로 오도록 유도하여 주변의 증원병력이 임금을 돕지 못하도록 하기 위함이었다. 드디어 노르망디공 윌리암과 영국의 왕 해롤드 2세는 헤스팅스 부근에서 국운이 걸린 큰 싸움을 치르게 된다. 여기서 윌리암은 교묘한 유인전술로 적군을 끌어낸 후 강력한 기병으로 포위했다. 영국왕은 눈에 불화살을 맞고 전사했으며, 그의 충성스러운 부하들도 모두 살해되었다(헤스팅스 싸움 1066년 10월).

이 싸움에서 승리한 윌리암은 곧장 런던으로 진격하지 않았다. 용의주도한 그는 먼저 도우버를 점령하여 해상 보급로를 확보한다. 그후 윌리암의 군대는 런던 부근에 이르렀으나 직접적인 공격을 피하고 그 주변의 농촌지역을 약탈하였다. 식량보급원이 차단된 런던의 저항 세력은 더 이상 버티지 못하고 곧 윌리암에게 항복 사절을 보내었다.

20세기 영국의 전략가 리델하트는 윌리암의 영국 정복을 전략상 간접적인 접근 방법을 쓴 전형적인 예로 논평하고 있다. 손자가 말하는 우직지계(迂直之計)도 바로 이와 똑같은 범주에 속하는 것이다.

2

그러므로 전투에는 이로움도 있고 또한 위험도 따르는 것이다. 전군을 이끌고 이익을 다투게 하면 기동력이 없어 성과를 얻지 못하며, 군대에 맡겨 이익을 다투게 하면 치중부대는 버려질 것이다. 그러므로 장병들이 갑옷을 벗고 가벼운 차림으로 밤낮을 쉬지 않고 달려 백리 밖에서 이익을 다툰다면 곧 3군의 장수들이 모두 사로잡히게 될 것이요, 억센 병사는 앞서게 되고 피로한 병사는 뒤에 처지기 때문에 겨우 10분의 1 정도가 목적지에 이르게 된다. 또한 오십 리 밖에서 이익을 다툰다면 곧 상장군도 다치게 되고 겨우 절반 정도가 목적지에 이르게 될 것이요, 삼십 리 밖에서 이익을 다툰다면 겨우 전병력의 3분의 2 정도가 목적지에 이르게 될 것이다. 그러므로 군대는 치중이 없어도 망하고, 식량이 없어도 망하며, 비축된 물자가 없어도 망한다.

故로 軍爭은 爲利하고 軍爭은 爲危니라. 故로 擧軍而爭利則不
고　군쟁　위리　군쟁　위위　고　거군이쟁리즉불

及하고 委軍而爭利則輜重捐이니라. 是故로 卷甲而趨하여 日夜
급　위군이쟁리즉치중연　시고　권갑이추　일야

不處하고 倍道兼行하여 百里而爭利하면 則擒三將軍이니 勁者
불처　배도겸행　백리이쟁리　즉금삼장군　경자

先하고 罷者後하며 其法은 十一而至니라. 五十里而爭利하면 則
선　파자후　기법　십일이지　오십리이쟁리　즉

蹶上將軍이니 其法은 半至니라. 三十里而爭利하면 則三分之二
궐상장군　기법　반지　삼십리이쟁리　즉삼분지이

至니라. 是故로 軍無輜重則亡하고 無糧食則亡하며 無委積則亡
지　시고　군무치중즉망　무량식즉망　무위적즉망

이니라.

❖

거군(擧軍) : 군대 전원을 싸움터에 투입함.

위군(委軍) : 군(軍)의 일부를 버리고 경무장한 부대만을 이끌고 전진함.

치중(輜重) : 피복, 식량, 무기 등을 실어 나르는 보급 부대. 군
  수품.

권갑(卷甲) : 무거운 갑옷을 말아서 걸머지는 것.

추(趨) : 나아감, 진군함.

불처(不處) : 쉬지 않음.

겸행(兼行) : 쉬지 않고 강행군함.

경자선(勁者先) : 튼튼한 병사가 먼저감.

파자후(罷者後) : 지치고 허약한 병사가 뒤에 처지게 됨.

법(法) : 비례.

궐(蹶) : 쓰러지게 됨. 다치게 됨.

위적(委積) : 비축된 물자.

〈풀이〉

영양왕 23년(612년) 정월 수나라의 양제는 113만 3천
8백의 병력으로 고구려를 정벌한다. 이 가운데 우문술과
우중문이 거느린 별동대 30만 5천은 노하와 회원에서 떠
날 때 1인당 100일 분의 식량과 말먹이를 지급 받는다.
그러나 병사들은 이 무거운 짐을 짊어지고 갈 도리가 없
어 상당한 분량을 천막 아래에 묻어버렸다. 그러므로 이들
은 이미 원정 도중에 식량이 모자라게 되어 굶주렸다.

영양왕은 을지문덕을 보내어 항복하는 척하며 적정을
살피게 했다. 적장 우중문은 을지문덕을 잡으려고 했으나
위무사 유사룡이 만류하여 그대로 돌아가게 한다. 우문술
은 식량이 바닥나 돌아가고자 했으나 우중문이 화를 내며
말한다. 「우리가 대군을 거느리고도 하찮은 적을 무찌르
지 못하면 무슨 낯으로 천자를 뵙겠소?」 이에 우중문과
우문술이 거느린 군대는 압록강을 건너 고구려 군사들을

추격했다.

을지문덕은 적군이 굶주리고 있음을 알고 이들을 더욱 지치게 하기 위해 싸울 때마다 일부러 지는 체하며 달아났다. 수나라 병사들은 하루에 일곱 번 싸워 일곱 번을 다 이기자 이미 정복한 것으로 믿었다. 그들은 살수(薩水 ; 청천강)를 건너 평양성 30리 밖에 이르러 진을 쳤다. 이때 을지문덕은 우중문에게 조롱하는 시를 지어 보냈다. 「싸움마다 이겨 이미 큰 공을 세웠으니, 이젠 흡족한 마음으로 그만 돌아가시지요.」 우중문은 답장을 보내어 항복하기를 종용했다. 이에 을지문덕은 사자를 보내어 이렇게 말하게 한다. 「군사를 돌린다면 우리 임금을 모시고 행재소로 알현하겠소.」

우문술은 군사들이 굶주리고 지쳐 더 이상 싸울 수도 없고, 또한 평양성이 견고하여 쳐서 빼앗을 수도 없음을 알고 군사를 돌이켰다. 이들이 살수에 이르러 반쯤 건넜을 때 고구려 군사들이 그 후미를 치자 적장 신세웅은 전사하고 수많은 무리가 잇따라 쓰러져 갔다. 남은 군사들은 급히 달아나 450리 길을 하루 낮 하루 밤에 도착한다. 이리하여 요동 땅을 밟게 된 사람은 겨우 2천 7백 명에 지나지 않았다고 한다. 수나라 대군이 가지고 간 그 많은 군수품과 장비는 모두 망실되었음은 물론이다(612년 7월, 살수대첩).

3

그러므로 제후의 속셈을 모르는 사람은 미리 외교를 할

수가 없고, 산림이나 소택지 등의 지세를 알지 못하는 사람은 행군을 할 수가 없으며, 그 지방의 길잡이를 이용하지 않는 사람은 지형의 이점을 얻을 수 없다.

故로 不知諸侯之謀者는 不能豫交하고 不知山林險阻沮澤之形
고   부지제후지모자   불능예교   부지산림험조저택지형

者는 不能行軍하며 不用鄕導者는 不能得地利라.
자   불능행군   불용향도자   불능득지리

❖

험조(險阻) : 지세가 험준함.

저택(沮澤) : 늪과 못. 소택지.

향도(鄕導) : 그 지역의 길잡이.

〈풀이〉

오하리국 남부 기요스성(淸州城)의 대명 오다 노부나가(織田信長)는 남다른 패기와 지략으로 천하를 장악하고자 했다. 1560년 5월의 어느 날 새벽녘에 이마가와 요시모토(今川義元)의 군대가 그의 영지인 마루네 성과 와시즈 성으로 쳐들어 왔다는 긴급한 보고가 접수되었다. 이에 노부나가는 즉시 전 장병에게 출동 명령을 내리고 자신은 서둘러 5기(騎)만을 이끌고 성문을 나섰다.

노부나가가 아쓰타에 이르니 2천 병사들이 그의 뒤를 따라오고 있었다. 여기서 적정을 정탐해 보니 마루네 성과 와시즈 성을 공격하는 자는 요시모토의 부하 마쓰다이라이며, 요시모토 자신은 2만 5천의 병력으로 덴가쿠하자마(田樂狹間)에 머무르고 있다는 것이었다. 그곳은 대군이 싸우기에는 아주 불리한 구릉지대 사이의 좁고 험준한 곳

으로, 노부나가는 그 지세를 이용해 조용히 요시모토의 진지에 다가갔다. 이때 요시모토의 군사들은 술을 마셔 경계 태세가 소홀하였고, 게다가 심한 비바람으로 진지도 흐트러져 있었다. 폭풍우가 잠잠해지자마자 노부나가는 전군에 공격명령을 내린다. 뜻밖의 기습을 당한 요시모토의 군사들은 변변히 싸워보지도 못한 채 쓰러져 갔다. 이 싸움에서 대승을 거둔 노부나가는 크게 위세를 떨치게 된다(오케하자마(桶狹間)의 회전 1560년 5월).

노부나가가 소수의 병력으로 요시모토의 대군을 섬멸한 것은 좁은 지형에 주둔해 있는 그들에게 기습을 가했기 때문이었다.

4

그러므로 싸움은 속임수로써 성립하고, 이로운 방향으로 움직이며, 군대를 나누기도 하고 합하기도 하며 변화를 일으키는 것이다. 따라서 그 행동의 신속함은 바람과 같고, 고요할 때는 숲과 같으며, 쳐들어 갈 때는 불길과 같고, 움직이지 아니할 때는 산과 같으며, 그 동정을 알 수 없음은 어둠과 같고, 움직일 때는 벼락치는 것과 같다.

적의 고을을 약탈하면 그 이익을 나누고, 적의 땅을 점령하면 그 이득을 분배하며, 이익을 계산하여 행동한다. 먼저 돌아가고 곧장 가는 계략을 아는 이가 승리하는 것이니, 이는 전략의 원칙이다.

故로 兵以詐立하고 以利動하며 以分合으로 爲變者也라. 故로
고   병이사립   이리동   이분합   위변자야   고

其疾如風하고 其徐如林하며 侵掠如火하고 不動如山하며 難知
기질여풍   기서여림   침략여화   부동여산   난지

如陰하고 動如雷震이라. 掠鄕分衆하고 廓地分利하며 縣權而動
여음   동여뢰진   약향분중   곽지분리   현권이동

이니 先知迂直之計者는 勝하나니 此는 軍爭之法也라.
선지우직지계자   승   차   군쟁지법야

❖

사(詐) : 속임수.
분합(分合) : 분산과 집중.
질(疾) : 신속함.
뢰진(雷震) : 우뢰와 번개. 벼락.
약향(掠鄕) : 적의 고을을 약탈함.
곽지(廓地) : 영토를 확장함, 땅을 넓히는 것.
현권(縣權) : 저울질함.

〈풀이〉

손빈(孫矉)은 손자병법의 저자 손무(孫武)의 후예로 아
(阿)·견(甄) 고을 사이에서 태어났다. 일찍이 그는 방연
(龐涓)과 함께 병법을 공부했다. 손빈의 재주를 시기한 방
연은 위나라에 가서 장군이 된 후 그를 초청한다. 그리고
나서 없는 죄를 뒤집어 씌워 그의 발목을 끊고 이마에는
글씨를 새겨 넣었다. 이는 손빈을 사회적으로 매장시키고
자 한 짓이었다.

그 뒤 제나라 사신이 위나라 수도 대량을 방문하자, 손
빈은 남몰래 그를 만나 사정을 말했다. 제나라 사신은 그
를 제나라에 데리고 가서 장군 전기(田忌)에게 소개하였

다. 손빈의 재능을 알게 된 전기는 위왕에게 그를 천거한
다. 그 뒤 위나라 군대가 조나라에 쳐들어 오자, 조나라는
제나라에 도움을 청했다. 위왕은 전기를 사령관으로, 손빈
을 군사(軍師)로 삼아 작전을 짜도록 하였다.

출정하기에 앞서 손빈이 전기에게 말한다. 「싸움은 적
이 노리고 있는 점을 저지할 게 아니라 바로 그들의 허점
을 쳐야 이길 수 있습니다. 지금 위(魏)와 조(趙)가 싸우
고 있기 때문에 위나라 수도 대량(大梁)은 무방비 상태나
다름없습니다. 이때 우리가 재빨리 그곳을 점령하면 위군
(魏軍)은 자기네 수도를 구하기 위해 조나라에 대한 공격
을 중단하게 됩니다. 이는 한번 출병하여 조나라의 포위를
풀고, 또한 위나라를 약화시키는 겁니다.」

전기는 손빈의 계략대로 실시하였다. 허점을 공격 당한
위나라 군사는 조나라 수도 한단(邯鄲)을 떠나 급히 돌아
갔다. 제나라 군사는 이를 계릉(桂陵 ; 산동성)에서 맞이하
여 크게 무찔렀다.

그후 15년의 세월이 흐르자 이번에는 위나라가 조나라
와 합세하여 한나라를 공격했다. 한나라의 구원 요청을 받
은 제나라는 전기를 사령관으로 삼아 이를 구하게 한다.
전기는 이번에도 곧 바로 대량을 향해 진격하였다. 위나라
장수 방연은 이 소식에 접하자마자 즉시 한나라를 떠나
귀로에 올랐다. 그러나 이미 국경을 넘은 제나라 군대는
계속 앞으로 나아갔다. 이때 작전 참모격인 손빈이 사령관
전기에게 계략을 올린다.

「원래 삼진(三晉 ; 한·위·조)의 병사들은 제나라 군사를
겁이 많다고 해서 멸시하고 있습니다. 우리가 더욱 약한

꼴을 보이면 그들은 급히 추격하게 될 것입니다. 오늘부터 숙영지를 옮길 때마다 밥하는 아궁이 수를 줄이는 겁니다. 곧 오늘은 10만 개, 내일은 5만 개, 모레는 3만 개, 이렇게 줄이도록 해야 합니다.」

전기는 이 계략을 즉시 실행하였다. 제나라 군사를 추격하던 방연은 사흘째에 이르러 이렇게 말했다.

「제나라 군사들이 겁쟁이라는 것은 나도 알고 있었지만 과연 그렇구나. 우리나라에 들어온지 사흘 만에 이미 탈영병이 반을 넘고 있으니.」 그리고는 곧 보병은 뒤에 두고 기병만을 이끌고 급히 추격해 왔다.

한편 손빈은 추격군의 속도를 어림해 보아 저녁 무렵이면 마릉(馬陵)에 이르리라 생각했다. 마릉은 길이 좁고 좌우에 험준한 산이 있어 복병을 쓸 수가 있었다. 손빈은 길 옆에 서 있는 큰 나무의 껍질을 벗기고 거기에다「방연은 이 나무 아래서 죽으리라.」고 적어 놓았다. 그리고 활 잘 쏘는 자들을 뽑아 숨어있도록 한 후에 이렇게 명했다.

「이곳에 불이 밝혀지거든 즉시 쏘도록 하라.」

날이 어두워진 뒤에 그 나무 밑에 이른 방연은 쓰여진 글을 읽기 위해 불을 밝혔다. 숨어있던 제나라 군사들은 일제히 활을 쏘았다. 위나라 군사는 공포에 휩싸인 채 쓰러져 갔다. 이 소용돌이에서 빠져나올 수 없음을 안 방연은 「결국 그 놈의 이름만 남기게 해주었구나.」라고 탄식하며 칼로 목숨을 끊었다.

제나라 군사는 위나라 군사를 크게 무찌르고, 위나라 태자 신(申)을 생포하여 귀국하였다(마릉의 전투 341년 B. C.). 손빈은 이 싸움으로 그 이름이 세상에 널리 알려지게 되었고, 또한 그의 병법도 후세에 전해지게 된다. 그는 우직지계(迂直之計)로써 적의 허점을 찔러 대승을 거둔 것이다.

5

옛 병서에 이르기를 「말해도 서로 들리지 않아 징과 북을 쓰며, 보려고 해도 서로 보이지 않아 깃발을 쓰는 것이다.」고 했다. 무릇 징·북과 깃발은 군대의 귀와 눈을 하나로 합하기 위함이다. 군대의 행동이 이미 하나로 합하게 되면 용기있는 자도 홀로 나아가지 못하고, 비겁한 자도 홀로 물러나지 못할 것이다. 따라서 전투 태세가 혼란한 것 같아도 사실은 그렇지 않고, 혼돈 속에서도 절도가 있어 패배시킬 수 없는 것이다. 그러므로 야간 전투에는 횃불과 북을 많이 쓰고, 대낮의 전투에는 깃발을 많이 쓰는 것은 바로 적의 눈과 귀를 어지럽게 하기 위함이다.

軍政에 曰 言不相聞이라 故爲金鼓하고 視不相見이라 故爲旌旗
군정   왈 언불상문   고위금고   시불상견   고위정기

라 하니 夫金鼓旌旗者는 所以一人之耳目也라. 人旣專一하면
   부금고정기자   소이일인지이목야   인기전일

則勇者도 不得獨進하고 怯者도 不得獨退하나니 此는 用衆之法
즉용자   부득독진   겁자 부득독퇴   차 용중지법

也니라. 故로 夜戰에는 多火鼓하고 晝戰에는 多旌旗하니 所以
야   고 야전에는 다화고   주전에는 다정기   소이

變人之耳目也라.
변인지이목야

❖❖

군정(軍政) : 옛날의 병법서.
금고(金鼓) : 징과 북.
정기(旌旗) : 신호용으로 쓰인 군대의 깃발.
변인지이목(變人之耳目) : 적의 눈과 귀를 현혹시킴.

〈풀이〉

아군의 전투력을 제대로 발휘시키기 위해서는 징·북·깃발과 같은 신호를 사용해야 한다. 이와 같은 방법에 의해 효과적으로 지휘되는 군대의 힘이란 언제나 막강한 것이다.

6

그러므로 전군의 사기를 꺾을 수 있고, 장수의 마음을 어지럽힐 수 있다. 본시 군대는 아침에는 기세가 날카롭고, 낮에는 느슨해지며, 저녁에는 기세가 사라진다. 따라서 군사를 잘 쓰는 이는 적의 기세가 날카로울 때를 피하고, 느슨해지고 사라질 때에 치는 것이다. 이것이 바로 기세를 다스리는 요령이다. 아군은 정돈된 태세로써 적의 혼란을 기다리며, 정숙한 태도로써 적의 소란스러움을 기다린다. 이것이 곧 마음을 다스리는 요령이다. 아군은 가까운 곳에서 멀리 온 적을 기다리고, 편안함으로써 적이 지치기를 기다리며, 배부름으로써 적의 굶주림을 기다린다. 이것이 바로 힘을 다스리는 요령이다.

질서정연하게 군기를 들고 다가오는 적과는 맞서 싸우지 말고, 당당하게 위용을 갖춘 적진은 공격하지 말라. 이

것이 곧 정세의 변화를 다스리는 요령이다.

故로 三軍可奪氣하고 將軍可奪心이라 是故로 朝氣는 銳하고 晝
고　삼군가탈기　　장군가탈심　　시고　조기　예　　주

氣는 惰하며 暮氣는 歸니라. 故로 善用兵者는 避其銳氣하고 擊
지　타　모기　귀　　고　선용병자　피기예기　　격

其惰歸하나니 此는 治氣者也라. 以治待亂하고 以靜待譁니 此는
기타귀　　　차　치기자야　　이치대란　　이정대화　차

治心者也라. 以近待遠하고 以佚待勞하여 以飽待饑하나니 此는
치심자야　이근대원　　이일대로　　이포대기　　　차

治力者也라. 無邀正正之旗하고 勿擊堂堂之陣이니 此는 治變者
치력자야　무요정정지기　　물격당당지진　　차　치변자

也니라.
야

❀

기(氣) : 사기, 기세.
심(心) : 마음, 의지력.
예(銳) : 날카로움, 예리함.
타(惰) : 해이해짐.
화(譁) : 소란해짐.
이일대로(以佚待勞) : 편안함으로써 적이 지치기를 기다림.
포(飽) : 배부름.
요(邀) : 맞이하여 싸움.
정정(正正) : 질서정연한 모양.
당당지진(堂堂之陣) : 당당하게 위용을 갖춘 진영.

〈풀이〉

여기서는 전투에 앞서 적을 다스리는 몇 가지 요령에
대해 언급하고 있다. ① 적군이 사기가 왕성할 때는 싸움
을 피하고, 그들이 지치고 해이해 질 때까지 기다려야 한

다. 이는 적군의 기세를 다스리는 요령이다. ② 아군은 안정됨과 정숙함으로써 적의 혼란을 기다린다. 이는 적군의 심리를 다스리는 요령이다. ③ 아군은 휴식과 배부름으로써 적군의 피로와 굶주림을 기다린다. 이는 적군의 전투력을 다스리는 요령이다. ④ 질서정연한 적군과 그들의 위용을 갖춘 진지는 공격하지 말아야 한다. 이는 상황의 변화를 다스리는 요령이다. 이와 같은 네 가지 사항을 제대로 다스릴 수 있는 이라면 결코 패배하는 일은 없을 것이다.

8. 구변편(九變篇)

전쟁이란 늘 유동적이며, 또한 변수가 따르기 마련이다. 장수된 자는 상황의 변화에서 초래되는 유리함과 불리함을 고려하여 적절히 조처해야 한다. 또한 적이 쳐들어 오지 못하리라는 안이한 생각을 버리고, 적이 쳐들어 올 수 없도록 미리 철저하게 대비 태세를 갖추어야 할 것이다.

1

손자가 말하였다.

무릇 용병의 원칙은 고지에 있는 적과는 싸우지 말고, 언덕을 등지고 있는 적과 맞서 싸우지 말며, 거짓 패하여 달아나는 적을 뒤쫓지 말아야 한다. 또한 적의 정예는 공격하지 말며, 미끼로 내놓은 적군과는 응전을 하지 말고, 돌아가는 적의 퇴로를 막지 말아야 한다. 그리고 적군을 포위할 때는 반드시 물러날 틈을 열어주고, 막다른 지경에 몰린 적을 핍박하지 말며, 길이 끊긴 지형에는 머물지 말아야 한다. 이것이 병사를 쓰는 방법이다.

孫子曰 凡用兵之法이 高陵勿向하고 背丘勿逆하며 佯北勿從하
손자왈 범용병지법   고릉물향   배구물역   양배물종

고 銳卒勿攻하며 餌兵勿食하고 歸師勿遏하며 圍師必闕하고 窮
  예졸물공   이병물식   귀사물알   위사필궐   궁

寇勿迫하며 絶地勿留니 此는 用兵之法也라.
구물박   절지물류   차   용병지법야

고릉물향(高陵勿向) : 높은 언덕에 포진한 적을 공격하지 말라는 뜻.

배구물역(背丘勿逆) : 구릉을 등으로 한 적군과는 맞서 싸우지 말라.

양배(佯北) : 거짓 패하여 도주함.

예졸(銳卒) : 정예부대.

이병(餌兵) : 상대방을 유인하는 먹이로 보낸 병사들.

귀사(歸師) : 철수하는 부대.

물알(勿遏) : 퇴로를 막지 말라.

궐(闕) : 빈틈.

궁구(窮寇) : 궁지에 몰린 적병.

절지(絶地) : 길이 끊긴 험준한 땅.

물류(勿留) : 머물지 말라. 주둔해서는 아니된다는 뜻.

〈풀이〉

임진왜란이 일어나자 명나라에서는 제독 이여송(李如松)에게 군사 5만을 주어 조선을 돕도록 한다. 이제독은 평양성을 수복한 다음, 여세를 몰아 남하하였다. 그는 파주에 이르러 군사들을 쉬게 하며, 적의 동태를 살폈다. 당시 왜장 고바야까와는 명군을 요격코자 북상중에 있었다. 이에 왜군의 선봉과 명(明)의 부총병 사대수(查大受)및 우리나라 장수 고언백의 군사 수백 명은 벽제관의 남쪽 여석령에서 소규모의 접전을 벌였다. 명군과 우리나라 군사들은 왜군 백여 명을 죽이는 전과를 거둔다. 이 소식을 들은 이여송은 주력부대인 보병은 뒤에 둔 채 기병(1천기 정도)만을 이끌고 달려왔다. 이때 고바야까와는 여석령 뒤쪽에 대군을 매복한 채, 겨우 수백 명을 고개 위에 주둔시

킨다. 이는 명군을 유인하기 위해 미끼로 내놓은 병사였던 것이다. 이제독은 고개 위에 있는 적이 소수인 것을 바라보고는 기병을 좌우로 벌린 채 접근하였다. 왜군도 이에 맞서 아래로 내려왔다. 피아간의 거리가 좁혀지자 지금까지 숨어있던 적들이 고개를 넘어 내려오기 시작했다. 명나라 기병들은 갑자기 나타난 적의 대군을 보고는 새파랗게 질렸다(1만 명 정도). 그러나 후퇴하기에는 이미 때가 늦었던 것이다. 당시 명군은 조총이 없었고, 짧고 무딘 칼을 휴대했을 뿐이었다. 이에 반하여 왜군은 길고 날카로운 일본도와 성능이 우수한 조총으로 무장되어 있었다.

전투가 벌어지자 적의 칼날과 집중사격을 당해내지 못한 명군은 힘없이 쓰러져 갔다. 이들은 늦게나마 부총병 양원(楊元)이 거느린 화병(火兵)의 도움으로 간신히 포위망을 뚫고 파주 방면으로 후퇴하였다.

그후 이제독은 개경에서 군사를 주둔시킨 채 적정을 살피다가 마침내 평양으로 철수하고 만다. 이여송의 벽제관 싸움(1593년 1월)은 미끼로 내놓은 적군을 공격하다가 복병에 걸려 패배의 쓴 잔을 마신 경우에 해당될 것이다.

2

길에도 가서는 아니될 데가 있고, 적군이라도 싸워서는 아니될 부대가 있다. 또한 요새도 공격해서는 아니될 게 있고, 땅도 다투어서는 아니될 데가 있으며, 임금의 명령이라도 받아들여서는 아니될 것이 있다.

塗有所不由하고 軍有所不擊하며 城有所不攻하고 地有所不爭하
도유소불유　　군유소불격　　　성유소불공　　　지유소부쟁

며 君命有所不受니라.
군명유소불수

❖

도(塗) : 길. 도(途)·도(道)와 뜻이 같음.

〈풀이〉

　전쟁은 늘 적의 실(實)을 피하고, 허(虛)를 찔러야 이
길 수 있다. 따라서 작전상 편리한 길을 피하고, 험난한
길을 가야 할 때도 있게 마련이다. 카르타고의 명장 한니
발이 알프스 산맥을 넘어 이탈리아로 진격한 것도 그런
예에 해당될 것이다. 또한 요새도 공격해서는 아니될 요새
가 있다.

　러·일전쟁 때 일본군은 견고한 여순 요새를 정면으로
공격하여, 비록 승리하였으나 막대한 희생을 치르어야만
했다. 만일 이때 일본군이 여순 요새를 견제하며, 일부의
병력으로 시베리아 철도를 파괴하는 우회전술을 구사했더
라면, 러시아군의 전쟁 수행 능력을 이내 마비시킬 수 있
었을 것이다.

　그리고 지형에도 빼앗고자 다투어서는 아니될 곳이 있
다. 예컨대 구릉지대로 둘러싸인 좁고 막힌 지형에서 대군
이 소수의 적군에게 기습을 당한다면 그 병력을 전개할
수 없어 결국은 패하게 될 것이다. 이런 곳에는 군대를 주
둔시키지 말고 빨리 빠져나오는 것이 상책이다. 그리고 군
주는 야전군 사령관의 작전에 대해서 간섭을 하지 말아야
한다. 물론 선전포고를 하고 장수를 임명하는 것은 군주의

권한에 속하는 문제이다. 그러나 현지의 지휘관이 효과적으로 작전을 수행하기 위해서는 폭넓은 재량권이 주어져야만 한다. 싸움터에서 지휘관은 늘 임기응변해야 하기 때문이다.

고구려 원정시 수양제는 장수에게 현지 상황을 보고케 한 후 손수 작전 지시를 내린 바 있다. 장수의 재량권을 허용치 않는 이런 조처 덕분에 고구려는 늘 완벽한 대비 태세를 갖출 수 있었다. 또한 제2차 세계대전시 제3제국의 총통 아돌프 히틀러는 북아프리카 롬멜군단의 철수를 허락치 않아 전 병력을 궤멸케 했으며, 러시아 전선의 독일군에게도 사수하는 명령으로만 일관하여 스스로 파멸을 초래하였다.

이렇게 통치권자가 군대의 진격과 후퇴에 일일이 간섭한다면 현지 지휘관의 발목을 묶는 결과가 되고 만다. 그러므로 손자는 이와 같은 부당한 조처에 대해서는 때로는 거부할 수 있어야 함을 강조한 것이다.

3

그러므로 장수로서 여러 가지 변화의 이로움에 능통하면 용병을 알고 있는 것이다. 장수로서 여러 가지 변화의 이로움에 능통치 못하면 비록 지형을 안다 해도 그 이익을 얻을 수 없다. 병사를 다스리면서도 임기응변의 전술을 알지 못한다면 비록 다섯 가지 이로움을 안다 해도 그들을 제대로 쓸줄 모르는 것이다.

故로 將通於九變之利者는 知用兵矣오 將不通於九變之利者는
고　　장통어구변지리자　　지용병의　　　장불통어구변지리자

雖知地形이나 不能得地之利矣오 治兵에 不知九變之術이면 雖
수지지형　　　불능득지지리의　　　치병　부지구변지술　　　수

知五利나 不能得人之用矣라.
지오리　　불능득인지용의

❖

구변(九變) : 용병상 여러 가지 변화에 따르는 임기응변의 조처.

치병(治兵) : 병사를 다스림. 군대를 통솔함.

인지용(人之用) : 군사를 제대로 활용함.

〈풀이〉

　장수는 때와 장소에 따라 임기응변하는 능력이 있어야만 한다. 이와 같은 능력과 자질을 갖추지 못한 자는 비록 지형을 알고 있더라도, 그것을 아군에게 유리하게 이용하지 못하는 것이다. 또한 군대를 지휘하더라도 그때 그때의 상황에 의한 다양한 전술을 구사하지 못한다면, 병사들의 전투력을 제대로 활용치 못하는 것이다.

4

　그러므로 사려깊은 이는 반드시 이로움과 해로움을 동시에 참작한다. 이로움 속에도 해로움이 섞이여 있음을 안다면 하는 일에 자신감을 가질 수 있고, 해로움 속에도 이로움이 섞이여 있음을 안다면 근심·걱정을 멀리할 수 있는 것이다. 따라서 제후를 굴복시키려면 해(害)로써 하고, 제후를 부릴려면 일로써 하며, 제후를 나아가게 하려면 이

득으로써 한다.

是故로 智者之慮는 必雜於利害하나니 雜於利하면 而務를 可信
시고 지자지려 　필잡어리해　　　잡어리　　이무　가신

也하고 雜於害하면 而患을 可解也니 是故로 屈諸侯者는 以害하
야　　잡어해　　이환　가해야　시고　굴제후자　　이해

고 役諸侯者는 以業하며 趨諸侯者는 以利니라.
　역제후자　　이업　　추제후자　　이리

❖

무가신(務可信) : 하는 일에 자신감을 가질 수 있음.

추(趨) : 나아가게 함. 유도함.

〈풀이〉

　전쟁도 여늬 세상일과 같이 유리함 속에서도 불리함이
있고, 불리함 속에서도 유리함이 스며 있게 마련이다. 따
라서 명장은 최악의 상황에 처하더라도 절망하지 않고 도
리어 이를 승리의 전환점으로 삼을 수 있다. 예컨대 6·25
전쟁시 유엔군 사령관 맥아더는 아군이 낙동강 전선에서
인민군의 주력과 힘겨운 싸움을 하는 그 시기에 일부의
병력을 인천에 상륙시켜 일거에 전세를 역전시켰다. 이렇
게 탁월한 지휘관은 단 한 번의 작전으로 불리한 전세를
유리한 국면으로 돌리는 능력을 지니고 있는 것이다.

5

　그러므로 용병법은 적이 오지 않으리라고 믿어서는 안
되고, 아군이 대비 태세를 갖추고 있음을 믿어야 한다. 적

이 공격하지 않으리라고 믿어서는 안 되며, 우리에게 적이 공격하지 못하도록 방비하는 능력이 있음을 믿어야 하는 것이다.

故로 用兵之法이 無恃其不來하고 恃吾有以待也하며 無恃其不
고   용병지법   무시기불래   시오유이대야   무시기불

攻하고 恃吾有所不可攻也라.
공   시오유소불가공야

❖

시(恃) : 믿다.

〈풀이〉

유성룡(1542~1607)의 징비록에는 적의 기습에 철저히 대비하는 충무공의 명장다운 모습이 이렇게 그려져 있다.

이순신의 함대가 견내량(見乃梁)에서 왜선과 대치하던 시절의 일이다. 어느 달 밝은 밤, 아군의 함선은 이미 닻을 내리고 있었다. 이때 이순신은 갑옷을 입은 채 북을 베개삼아 누웠다가, 갑자기 일어나 술을 가져오게 하여 한잔을 마셨다. 그리고 나서 그는 부하들을 불러모아 이렇게 명했다.

「왜인은 원래 교묘한 꾀가 많은 무리들이오. 달빛이 없을 때는 아군을 기습할 것이나, 오늘처럼 달빛이 밝을 때도 쳐들어 올 수가 있소. 그러니 경계를 느슨히 해서는 아니되오.」

그리고는 나팔을 불어 모든 함선의 닻을 걷어 올리게 한 후, 척후선을 보내어 적선의 동태를 살피도록 했다.

잠시 후 척후병이 달려와서 적의 함대가 접근해 오고

있음을 알렸다. 그 시각은 달이 서산에 걸려 산 그림자가 바다에 드리워져 한쪽 면이 그늘져 있을 때였다. 그 그늘 진 곳을 따라 왜선들이 은밀히 아군의 함선으로 다가오고 있었던 것이다. 우리측 함대가 대포를 쏘며 함성을 지르자, 적선도 이에 응해 조총을 쏘기 시작하였다. 피아의 포성과 조총소리가 이내 고요하던 밤바다를 진동시켰다. 그러나 적군은 아군의 방어 태세가 만만치 않음을 알고는 더 이상 접근하지 못한 채 물러가고 만다. 이에 이순신의 부하들은 그의 심모원려(深謀遠慮)에 새삼 탄복하였다고 한다.

6

따라서 장수에게는 다섯 가지 위험이 있다. 죽음을 무릅쓰고 싸우는 자는 결국 죽게 된다. 기어코 살아야겠다고 하는 자는 적에게 사로잡히게 된다. 성을 잘 내며 성급한 자는 수모를 당하게 된다. 너무 결벽한 자는 도리어 치욕을 당하게 된다. 지나치게 백성을 아끼는 자는 번거로운 일에 말려들게 된다.

대체로 이 다섯 가지는 장수가 범하기 쉬운 잘못이요, 용병상의 재난이다. 군대를 뒤엎고 장수가 죽음을 당하게 됨이 반드시 이 다섯 가지 위험 때문이니, 깊이 생각하지 않을 수 없다.

故로 將有五危하니 必死면 可殺也오 必生이면 可虜也오 忿速이
고 장유오위   필사 가살야 필생   가로야   분속

면 可侮也오 廉潔이면 可辱也오 愛民이면 可煩也라. 凡此五者
   가모야   염결   가욕야   애민   가번야   범차오자

는 將之過也오 用兵之災也니 覆軍殺將이 必以五危하나니 不可
  장지과야   용병지재야   복군살장   필이오위   불가

不察也니라.
불찰야

❖

로(虜) : 사로잡힘. 생포됨.
분속(忿速) : 성을 잘 내며 침착하지 못함.
염결(廉潔) : 성품이 곧고 청렴함.
과(過) : 잘못, 과오.
복군(覆軍) : 군대를 망하게 함.

〈풀이〉

　지휘관은 지혜롭고 훌륭한 인품의 소유자이여야 할 것이다. 일방적으로 치우친 성품이라면 그것 자체가 약점이된다. 그러므로 지나친 용기나 비겁함은 다 바람직하지 못한 자질일 뿐이다. 왜냐하면 용기는 군인의 필수적 자질의일부에 지나지 않고, 비겁함은 아예 군인으로서 자격이 없기 때문이다.

　또한 성을 잘 내며 침착하지 못한 자는 적에게 우롱을당한다. 일찍이 오장원에서 촉군과 대치하던 위나라의 사마의는 제갈량으로부터 여자 옷을 선물 받게 된다. 이는결전을 기피하는 그를 싸움터로 끌어들이기 위한 술책이었다. 그러나 사마의는 분노를 참으며 사자에게 제갈량의일상생활에 대한 것만을 물을 뿐이었다. 만일 그가 조급한성품의 소유자였더라면 적의 심리 전술에 말려들어 대사를 그르쳤을 것이다.

　그리고 지나치게 지조를 내세우는 자나, 너무 백성을 아끼는 자도 그 융통성이 없는 성품으로 인해 적에게 약점을 잡히게 된다. 이와 같은 장수의 성격적 결함은 결국 군대를 파멸시키는 자기 함정이므로 평소에 깊이 경계해야 하는 것이다.

9. 행군편(行軍篇)

이 편은 군대가 진격하여 진을 치며, 적과 대치하는 방법에 대해 설명한 글이다. 또한 지형을 이용하는 법과 적정(敵情)을 살피고 분석하는 법, 병사를 교육하고 통솔하는 법에 관해서도 언급하고 있다.

1

손자가 말하였다.

무릇 군대가 적과 대치함에 있어서는 적정을 잘 살펴야 한다. 산을 넘어서는 골짜기에 의지하고, 시야가 트인 높은 곳을 차지해야 하며, 높은 곳에 있는 적을 올라가면서 공격해서는 아니된다. 이것이 곧 산악지대에서 군사를 쓰는 원칙이다. 강물을 건너면 빨리 물가에서 멀리 떨어져야 한다. 적이 강물을 건너 올 때에는 물 속에서 이를 요격하지 말고, 반쯤 건너 오게 한 다음에 치는게 유리하다.

싸움을 하려고 한다면 물가에서 적을 맞이하지 말고, 시야가 트인 높은 곳을 차지하며, 상류에서 내려오는 적을 상대해서는 아니된다. 이것이 곧 물가에서 군사를 쓰는 원칙이다.

늪지대를 건널 때에는 되도록 빨리 건너고 머물지 말아야 한다. 부득이 늪지대에서 적과 싸우게 될 때에는 반드시 물풀이 있는 곳에서 나무를 등져야 한다. 이것이 곧 늪지대에서 군사를 쓰는 원칙이다. 평지에서는 편리한 곳에 진을 치고, 오른쪽으로 언덕을 등지며, 시야가 트인 곳을 앞으로 하고, 풀과 나무가 무성한 곳을 뒤로 해야 한다. 이것이 곧 평지에서 군사를 쓰는 원칙이다. 대체로 이 네 가지는 용병상 활용해야 할 이점이니, 그 옛날 황제가 네 임금을 정복한 연유인 것이다.

孫子曰 凡處軍相敵에 絕山依谷하고 視生處高하며 戰隆無登이
손자왈 범처군상적   절산의곡   시생처고   전륭무등

니 此는 處山之軍也라. 絕水에 必遠水하며 客絕水而來면 勿迎
차   처산지군야   절수   필원수   객절수이래   물영

之於水內하고 令半濟而擊之면 利니 欲戰者는 無附於水而迎客
지어수내   영반제이격지   이   욕전자   무부어수이영객

이오 視生處高하며 無迎水流니 此는 處水上之軍也라. 絕斥澤에
시생처고   무영수류   차   처수상지군야   절척택

唯亟去無留하고 若交軍於斥澤之中이면 必依水草하고 而背衆
유극거무류   약교군어척택지중   필의수초   이배중

樹니 此는 處斥澤之軍也라. 平陸處易에 而右背高하고 前死後
수   차   처척택지군야   평륙처이   이우배고   전사후

生이니 此는 處平陸之軍也라. 凡此四軍之利는 黃帝之所以勝四
생   차   처평륙지군야   범차사군지리   황제지소이승사

帝也라.
제야

✤

상적(相敵) : 적정(敵情)을 잘 살핌.

시생처고(視生處高) : 시야가 트인 높은 곳을 차지함.

절수(絕水) : 강물을 건너감.

영수류(迎水流) : 상류에서 내려오는 적군을 하류에서 맞아 싸우는 것. 바람을 안고 싸울 때처럼 불리하다.

척택(斥澤) : 갯뻘과 습지대.

극거(亟去) : 빨리 건너고 머물지 말아야 함.
전사후생(前死後生) : 초목이 없어 시계(視界)가 열린 곳을 앞으
　　로 하고, 초목이 무성한 곳을 뒤로 해야 함.
황제(黃帝) : 중국의 전설적인 임금. 복희씨·신농씨와 더불어 삼
　　황(三皇)이라 일컬어짐.
사제(四帝) : 황제에게 정복당한 염제·치우와 같은 사방의 임금
　　들을 뜻함.

〈풀이〉

　임진왜란 초기에 이치령 싸움에서 공을 세운 권율은 그
공으로 광주목사에서 전라도 순찰사로 승진한다. 그는 명
나라의 이여송이 평양성을 수복했다는 소식을 듣고 군사
를 이끌고 행주산성으로 입성하였다. 이는 명군과 합세하
여 수도 한양을 탈환하고자 하는 의도였다. 그러나 왜군은
남하하는 명군을 벽제관 싸움에서 격파하여 사기가 왕성
하였고, 한양에 집결한 이들의 군세는 무려 3만을 헤아리
고 있었다. 한편 행주산성의 우리 군사는 2천 3백 명이었
고, 피난민 수천이 이들을 따라왔다. 권율은 곧 산성을 수
리하고 목책을 만들어 적의 침공에 대비하였다. 이때 왜장
들은 행주산성의 군사가 적은 것을 알고는 대군을 동원하
여 이를 무찌르고자 했다.
　드디어 1593년 2월 12일 미명을 기해 적은 작전을 개
시한다. 척후병의 보고에 접한 권율은 술렁대는 군심을 진
정시킨 후, 적군이 산성을 겹겹이 포위한 채 다가오는 것
을 바라보았다. 적이 사정거리 이내로 접근하자 그는 발사
명령을 내린다. 아군의 화살과 왜군의 조총이 어우러져 일
대 혈전이 벌어졌다. 적은 군대를 3진으로 나누어 아홉

번에 걸친 파상공격을 감행해 왔다. 권율은 손수 군사들에게 물을 따라주며 이들을 격려했다. 한때 승군(僧軍)이 지키던 서북쪽이 위태롭기도 하였고 목책에 불이 나기도 했으나, 권율의 진두 지휘로 위기를 넘길 수 있었다.

싸움이 치열해지자 부녀자들도 치마로 돌을 날라서 석전(石戰)을 도왔다. 하루 종일 산성을 공격한 왜군은 자신들의 피해가 너무 커지자 전사자의 시체를 네 곳에 모아 불을 지르며 물러갔다. 그들의 참패는 높고 가파른 지형에 의지한 상대방을 공격해서는 아니된다는 손자의 교리를 어긴 예에 해당될 것이다.

2

모든 군대는 높은 지대를 좋아하고 낮은 지대를 싫어하며, 양지바른 데를 소중히 여기고 그늘진 데를 천시한다. 위생에 유의하고 생기있는 곳에 처하면 군대에 질병이 없어 이를 필승의 태세라고 말하는 것이다. 구릉과 둑에서는 반드시 양지 쪽에 자리잡으며, 그것을 오른쪽으로 등지고 진을 쳐야만 한다. 이렇게 하면 전투시에 이롭고, 또한 지형의 도움을 받을 수가 있다.

凡軍은 好高而惡下하고 貴陽而賤陰하여 養生而處實하면 軍無
범군   호고이오하   귀양이천음   양생이처실   군무

百疾이니 是謂必勝이라. 丘陵堤防에 必處其陽하고 而右背之니
백질   시위필승   구릉제방   필처기양   이우배지

此는 兵之利오 地之助也라.
차   병지리   지지조야

❖

양생(養生) : 위생에 유의함.
처실(處實) : 생기있는 곳에 자리잡음.
백질(百疾) : 온갖 질병.
구릉(丘陵) : 언덕.
제방(堤防) : 둑.

〈풀이〉

손자는 군대가 주둔할 만한 지형과 위생문제, 구릉지대
와 제방에서 포진하는 방법에 대해서 말하고 있다. 이와
같은 세심한 배려가 곧 승리의 원동력인 것이다.

3

상류에서 비가 내려 강물이 불어나면 건너지 말고 안정
될 때까지 기다려야 한다. 대체로 지형에는 깎아지른 듯
높이 솟은 절벽에 둘러싸인 깊은 계곡, 바깥은 높고 가운
데는 낮아 물이 흘러 들어가는 곳, 높은 산들로 둘러싸여
빠져 나오기 어려운 곳, 나무와 풀이 얽혀 군사들이 움직
일 수 없는 곳, 늪지대로 수레와 말이 빠져 나오지 못하는
곳, 길은 좁고 지면이 고르지 못해 패인 데가 많은 곳 등
이 있으니, 이런 데는 되도록 빨리 지나가야 하며 가까이
해서는 아니된다. 아군은 이런 곳을 멀리 하되 적군은 가
까이 하도록 하며, 이 편은 이를 앞에 두고 상대방은 이를
등지도록 해야 한다.

上雨면 水沫至니 欲涉者는 待其定也라. 凡地에 有絶澗天井天
상우   수말지   욕섭자   대기정야   범지   유절간천정천

牢天羅天陷天隙하니 必亟去之하여 勿近也라. 吾遠之면 敵近之
뢰천라천함천극   필극거지   물근야   오원지   적근지

오 吾迎之면 敵背之하나니라.
오   오영지   적배지

❖

수말(水沫) : 물거품.

절간(絶澗) : 낭떠러지로 둘러싸인 깊은 계곡.

천정(天井) : 사방이 산들로 둘러싸여 있고 가운데가 오목한 분지.

천뢰(天牢) : 들어가면 빠져 나오기 어려운 감옥처럼 된 지형.

천라(天羅) : 나무와 풀이 무성하여 군대가 움직일 수 없는 곳.

천함(天陷) : 수렁, 늪지대.

천극(天隙) : 길은 좁고 땅이 움푹 패인 데가 많은 곳.

〈풀이〉

이 장에서 손자는 육해지지(六害之地)에 대해 언급하고 있다. 아군이 이런 곳을 통과할 때 적군이 공격해 온다면 전멸 당할 수밖에 없다. 그러나 아군이 미끼를 던져 적을 이와 같은 지형으로 유인한다면 대승을 거둘 수 있는 것이다.

4

군대가 행군을 하는 전방에 험준한 산지, 소택지, 갈대가 우거진 곳, 산림지대, 초목이 얽혀 있는 곳이 있으면 반드시 거듭 수색해야 한다. 이는 적의 복병이 숨어 있기에 알맞는 곳이기 때문이다.

軍旁에 有險阻潢井蒹葭林木翳薈者는 必謹覆索之니 此는 伏姦
군방　유험조황정겸가임목예회자　필근복색지　차　복간

之所處也라.
지소처야

❖

방(旁) : 곁. 근처. 행(行)으로 표기된 관본도 있음.

험조(險阻) : 험준한 곳.

황정(潢井) : 웅덩이.

겸가(蒹葭) : 갈대. 가위(葭葦)로 표기된 책도 있으나 뜻은 같음.

예회(翳薈) : 나무와 풀이 무성한 곳.

복색(覆索) : 거듭 수색함.

복간(伏姦) : 복병.

〈풀이〉

　험난한 곳이나 웅덩이, 갈대밭, 초목이 무성한 곳을 행군
할 때는 세심한 경계를 요한다. 왜냐하면 적의 복병이나 간
첩이 숨어 있기에 알맞는 장소이기 때문이다. 따라서 본대
가 접근하기에 앞서 정찰대를 보내어 거듭 수색해야 한다.

5

　가까이 다가가도 조용한 적은 그들이 지세의 험준함을
믿고 있기 때문이다. 멀리서 도전해 오는 것은 이 편이 나
오기를 바라는 것이다. 평탄한 곳을 점거함은 이로움이 있
기 때문이다. 나무들의 움직임은 적이 다가오기 때문이다.
많은 풀로 가리고 있음은 아군을 의혹케 하려는 것이다.
새가 날아 오름은 적의 복병이 있기 때문이다. 짐승이 놀

라 달아남은 적의 기병(奇兵)이 숨어 있기 때문이다. 먼지가 높이 치솟고 있음은 적의 병거(兵車)가 오고 있는 것이다. 흙 먼지가 낮고 넓게 퍼지고 있음은 보병부대가 오고 있는 것이다. 먼지가 흩어져 피어오름은 적군이 뗄 나무를 하고 있는 것이다. 먼지가 적으면서도 여기저기 피어오름은 적군이 군영을 짓고 있는 것이다.

近而靜者는 恃其險也오 遠而挑戰者는 欲人之進也오 其所居易
근이정자 시기험야 원이도전자 욕인지진야 기소거이

者는 利也니라. 衆樹動者는 來也오 衆草多障者는 疑也오 鳥起
자 이야 중수동자 내야 중초다장자 의야 조기

者는 伏也오 獸駭者는 覆也니라. 塵高而銳者는 車來也오 卑而
자 복야 수해자 복야 진고이예자 거래야 비이

廣者는 徒來也오 散而條達者는 樵採也오 少而往來者는 營軍
광자 도래야 산이조달자 초채야 소이왕래자 영군

也라.
야

❖

욕인지진(欲人之進) : 이 편의 진격을 바람.

해(駭) : 놀라다.

진고이예(塵高而銳) : 먼지가 높이 치솟고 있음.

도(徒) : 보병.

산이조달(散而條達) : 흩어져 피어오름.

초채(樵採) : 뗄감을 채취함.

〈풀이〉

새들과 초목의 움직임, 먼지가 피어나는 모양 등도 적정을 살피는 자료가 된다. 명장은 이와 같은 치밀한 관찰력으로 불리한 싸움도 승리로 이끄는 것이다.

6

사자(使者)의 말씨가 겸손하면서도 방비를 더함은 진격하려는 것이다. 사자의 말씨가 강경하고 또한 진격 태세를 취함은 실은 철수하려는 것이다. 가벼운 전차가 군대 앞의 측면에 있는 것은 진(陣)을 펼치려는 것이다. 갑자기 휴전을 제안함은 음흉한 속셈이 있는 것이다. 적이 분주하게 움직이며 전차를 배치함은 결전을 시도하려는 것이다. 적이 반쯤 진격하였다가 반쯤 퇴각함은 이 편을 유인하려는 것이다.

辭卑而益備者는 進也오 辭强而進驅者는 退也오 輕車先出하여
사비이익비자   진야   사강이진구자   퇴야   경거선출

居其側者는 陳也라. 無約而請和者는 謀也오 奔走而陳兵車者는
거기측자   진야   무약이청화자   모야   분주이진병거자

期也오 半進半退者는 誘也라.
기야   반진반퇴자   유야

❖

사비(辭卑) : 사자(使者)의 말이 겸손함.
익비(益備) : 방비를 더욱 굳게함.
경거(輕車) : 가벼운 수레. 전차.
진(陳) : 진(陣)과 같음.
기(期) : 결전을 시도함.

〈풀이〉

오다 노부나가의 심복인 도요토미 히데요시(豊臣秀吉)

는 돗토리 성을 함락시킨 후 빗츄(備中)의 다카마쓰(高松城)를 포위 공격한다. (1582년 5월). 언덕 위에 자리잡고 있는 이 요새를 히데요시는 수공(水攻)으로 무너뜨리고자 했다. 그는 곧 아시모리 강에 둑을 쌓은 다음 이를 한꺼번에 터뜨렸다. 이에 다카마쓰 성은 물이 차올라 섬처럼 되고, 고립된 군사들은 싸울 의욕마저 잃어버린다.

자기 편의 군대가 고전하고 있다는 소식을 들은 모리씨는 고바야카와, 기쓰카와 등을 보내어 이를 돕도록 했다. 이때 히데요시도 주군인 노부나가에게 전령을 보내어 원병을 요청한다. 노부나가는 자신이 직접 히데요시를 돕기 위해 다카마쓰로 달려가고자 했다. 아즈치를 떠난 그는 교토의 혼노사(本能寺)에 잠시 머물렀다. 그러나 이곳에서 잠자던 노부나가는 새벽녘에 단바의 대명 아케치 미쓰히데(明智光秀)군사들에게 포위 공격을 당한다.

혼노사는 삽시간에 불길에 휩싸이고 노부나가와 그의 부하들은 용감히 싸웠으나, 소수의 경호 병력으로 대군을 막아낼 수는 없었다(반란군은 1만 3천 명 규모). 마침내 그는 불타는 혼노사에 들어가 할복자살로써 영웅다운 생애를 마감한다(1582년 6월 2일). 오다 노부나가가 강적 모리씨와의 결전을 앞두고 부하의 배신으로 쓰러진 것은 참으로 아이러니칼한 일이었다.

한편 노부나가의 원군이 도착하기를 기다리던 히데요시는 주군의 피살 소식을 듣고 크게 놀란다. 그는 이 사실이 아직 모리씨에게 알려지지 않음을 알고는 넌지시 휴전을 제안한다. 그 조건으로 다카마쓰의 성주 시미즈 무네하루(淸水宗治)가 자결하고 모리씨는 빗츄·호키·미마사카를 노부나가에게 양도한다는 것이었다. 오다 노부나가가 죽은 사실을 모른 모리씨는 이 불리한 강화 조건을 받아들였다. 적과의 회담을 성사시킨 히데요시는 곧 교토를 향하여 진군하였다. 그는 야마자키의 덴오산(天王山)을 점령한 후 미쓰히데의 군사를 포위하여 크게 무찌른다. 패장 미쓰히데는 오미로 가는 도중에 농부에게 죽음을 당하고 만다. 이에 히데요시는 오다 노부나가를 대신하여 일본의 새로운 패자(霸者)로 군림하게 되는 것이다.

7

지팡이를 짚고 서 있음은 굶주린 것이다. 물을 길어서 서둘러 마시는 것은 목이 말랐기 때문이다. 이익을 보고도 나아가지 않음은 피로한 것이다. 새가 모여드는 것은 군영이 비었기 때문이다. 밤중에 서로 부르는 것은 겁에 질려 있기 때문이다. 군사들이 소란스러운 것은 장수가 위엄이 없기 때문이다. 군기가 흐트러져 있음은 대오가 혼란한 것이다. 장교들이 함부로 성내는 것은 지쳐 있기 때문이다. 말을 잡아 먹는 것은 식량이 없기 때문이다. 밥그릇을 걸어두고 막사로 돌아가지 않음은 궁지에 몰린 것이다.

杖而立者는 飢也오 汲而先飲者는 渴也오 見利而不進者는 勞
장이립자　기야　급이선음자　갈야　견리이부진자　노

也라. 鳥集者는 虛也오 夜呼者는 恐也오 軍擾者는 將不重也라.
야　조집자　허야　야호자　공야　군요자　장부중야

旌旗動者는 亂也오 吏怒者는 倦也오 殺馬肉食者는 無糧也오
정기동자　난야　이노자　권야　살마육식자　무량야

縣瓿不返其舍者는 窮寇也라.
현부불반기사자   궁구야

❖

장(杖) : 지팡이.
요(擾) : 소란스러운 것. 떠들썩한 것.
부중(不重) : 무게가 없음. 위엄이 없음.
이(吏) : 장교를 뜻함.
권(倦) : 지쳐 있음.
부(瓿) : 취사 도구.
불반(不返) : 돌아가지 않음.
사(舍) : 막사.
궁구(窮寇) : 곤경에 빠진 적군.

〈풀이〉

적이 드러내는 겉모습에는 이미 어쩔 수 없는 진실이
담겨 있게 마련이다. 따라서 지혜로운 장수는 그들의 일거
수일투족(一擧手一投足)을 세밀히 살펴 이를 파악하는 것
이다.

8

장수가 온순하고도 은근하게 사졸들과 말함은 신망을
잃은 것이다. 자주 상을 주는 것은 사졸 통솔에 궁색해졌
기 때문이다. 마구 벌을 내림은 지휘에 어려움이 많은 것
이다. 먼저 사졸들을 난폭하게 다루다가 이윽고 그들의 이
반을 두려워 함은 통솔하는 방법이 졸렬한 것이다. 사자를
보내어 정중히 사과함은 쉴 틈을 얻으려는 것이다. 적군이

노기를 띠고 아군과 대치하면서도 정작 싸우지도 않고 물러가려고도 하지 않는다면 반드시 이를 잘 살펴야만 한다.

諄諄翕翕하여 徐與人言者는 失衆也오 數賞者는 窘也오 數罰者
순순흡흡　　서여인언자　실중야　삭상자　군야　삭벌자

는 困也라. 先暴而後畏其衆者는 不精之至也오 來委謝者는 欲
　곤야　　선포이후외기중자　부정지지야　내위사자　욕

休息也오 兵怒而相迎하고 久而不合하여 又不相去는 必謹察之
휴식야　병노이상영　　구이불합　　우불상거　　필근찰지

니라.

❖

순순(諄諄) : 성의있고 간절한 모양.

흡흡(翕翕) : 온순하고 은근히 말하는 모습.

실중(失衆) : 사졸들의 신망을 잃음.

삭상(數賞) : 자주 상을 줌.

군(窘) : 군색함. 어렵고 답답함. 거북하고 어색함.

삭벌(數罰) : 자주 벌을 내림. 삭(數)은 자주, 여러 번을 뜻함.

선포이후외기중(先暴而後畏其衆) : 먼저 부하들을 난폭하게 다루다가 나중에 그들의 이반을 두려워함.

부정지지(不精之至) : 매우 밝지 못함. 대단히 졸렬하다는 뜻임.

내위사(來委謝) : 사자를 보내어 사과하면서 예물을 바침.

구이불합(久而不合) : 오랫동안 싸우지 않음.

〈풀이〉

손자는 이 행군편에서 30여 종의 적진 관찰법에 대해 언급하였다. 그중에는 장수가 병사들에게 신망을 얻지 못하거나, 부대를 통솔하지 못하는 경우를 지적한 것도 있다. 이런 군대는 단 한 번의 공격에도 쉽사리 무너질 것이다. 또한 적군이 사자를 보내어 예물을 바친다거나, 오랫

동안 대치하면서도 결전을 미룰 수도 있다. 이런 적에 대해서는 사전에 철저히 경계해야만 그 계략을 막아낼 수 있는 것이다.

9

병사가 많다고 반드시 이로운 것은 아니다. 용맹만을 믿고 함부로 진격함이 없이 힘을 합쳐서 적정을 헤아리고 적당한 인재를 쓰기만 하면 족한 것이다. 무릇 아무런 대책도 없이 적을 가볍게 여기는 자는 반드시 사로잡히게 된다. 사졸이 믿고 따르기도 전에 벌을 주면 복종치 않을 것이요, 복종치 않으면 부리기가 어렵다. 또한 사졸이 이미 믿고 따르는 데도 벌 주지 않으면 부릴 수가 없게 된다. 그러므로 그들을 가르쳐 부림에 있어서는 은덕으로써 하고, 질서있게 통솔하는데는 위엄으로써 한다. 이를 일컬어 반드시 싸움에서 이기는 군대라고 하는 것이다.

평소에 명령이 잘 시행되도록 백성들을 가르치게 되면 그들은 복종할 것이다. 그러나 평소에 명령이 시행되지 않음을 내버려두었다면 백성들은 명령에 복종하지 않을 것이다. 평소부터 명령이 제대로 시행되었다는 것은 윗사람과 아랫사람의 뜻이 서로 화합했기 때문이다.

兵은 非益多也오 惟無武進하고 足以倂力料敵하여 取人而已니
병   비익다야   유무무진   족이병력료적   취인이이

夫惟無慮而易敵者는 必擒於人이니라. 卒未親附而罰之면 則不
부유무려이이적자   필금어인   졸미친부이벌지   즉불

服하고　不服則難用也오　卒已親附而罰不行이면　則不可用也니
복　　　불복즉난용야　　　졸이친부이벌불행　　　즉불가용야

故로　令之以文하고　齊之以武를　是謂必取니라. 令素行하여　以敎
고　영지이문　　　제지이무　　시위필취　　　영소행　　　이교

其民이면　則民服하고　令不素行하여　以敎其民이면　則民不服하나
기민　　　즉민복　　　영불소행　　　이교기민　　　즉민불복

니　令素行者는　與衆相得也라.
　　영소행자　　　여중상득야

무진(武進)：용맹만을 믿고 진격함. 전술을 무시하고 함부로 나
　아가 적을 침.

병력(倂力)：전투력을 집중함.

요적(料敵)：적의 실정을 헤아림.

취인(取人)：인재를 적당한 부서에 배치하여 쓰는 것.

이적(易敵)：적군을 가볍게 봄.

친부(親附)：친근하게 여기며 따름.

문(文)：문덕(文德).

인애(仁愛)：은혜와 덕을 베풂.

무(武)：무위(武威). 위엄. 엄하게 통솔함.

필취(必取)：반드시 승리함.

여중상득(與衆相得)：윗사람과 아랫사람의 뜻이 서로 맞음.

〈풀이〉

　지휘관은 부하들을 잘 다스리고 그들의 마음을 사로잡
을 수 있어야 한다. 알렉산더 대왕과 한니발, 케자르는 부
하들을 완벽하게 장악한 이들이었다. 그중에서도 케자르
(100~44 B.C.)는 특히 부하들의 신뢰와 존경의 대상이
된 것으로 유명하다. 이는 다른 장군 밑에서는 평범한 병
사에 지나지 않았던 이도 그의 휘하에서는 죽음을 두려워

하지 않는 용사로 눈부신 활약을 했기 때문이다. 예컨대 맛살리아(지금의 마르세이유) 해전에서 아킬리우스는 적의 배에서 싸우다가 오른 손을 절단 당한다. 그러나 그는 이에 굴하지 않고 왼팔의 방패로 적을 때려 눕히고 배를 빼앗을 수 있었다.

또한 카시우스 스카에바는 디라키움에서 싸울 때 한쪽 눈에 화살이 박힌 채 어깨와 허벅다리에도 부상을 입었다. 그는 적군이 달려오자 재빨리 칼을 빼어 한 놈을 베어 죽이고 다른 놈의 얼굴을 때려 쫓아내었다. 스카에바는 달려온 아군들에게 구조된다. 브리타니아(지금의 영국)에 갔을 때는 앞장서 싸우던 장교들이 늪에 빠져 허덕이었다. 이때 어떤 병사가 홀로 적군에게 덤벼들어 눈부신 활약을 하고 장교들을 구해 내었다. 이 병사는 맨 뒤에서 늪에 빠져 방패를 잃고 간신히 돌아왔다. 케자르를 위시한 많은 장병들이 그를 반갑게 맞이하였다. 그러나 그는 눈물을 흘리며 방패를 잃은 죄를 용서해 달라고 말했다고 한다.

리비아에서는 스키피오가 케자르의 군함 한 척을 나포하였다. 그 군함에는 재정관 그라니우스 페트로가 타고 있었다. 적장은 그의 목숨만은 살려 주겠다고 말했다. 그러나 페트로는 적을 용서할 수는 있어도 적의 용서를 받을 수는 없다고 말하며 칼로 목숨을 끊었다. 병사들이 이처럼 명예를 아끼며, 용감하게 싸우게 된 것은 케자르의 감화 때문이었다. 평소 그는 은덕과 위엄을 적절히 구사한 통솔력으로 부하들을 심복케 했던 것이다.

10. 지형편(地形篇)

지형을 알고 싸우는 자는 승리하고, 이를 모르고 싸우는 자는 패배한다. 나폴레옹과 히틀러는 러시아의 광대한 국토가 그 혹독한 추위와 더불어 원정군에게 절대적으로 불리함을 깨닫지 못하였다. 따라서 그들의 군대가 참패한 것은 당연한 일일 것이다. 이렇게 전투에 있어서 지형적 조건은 기후적 요소와 함께 승패에 중요한 구실을 한다. 또한 장수의 전투에 대한 소신있는 태도도 중요한 일이다. 그는 적의 실정을 살펴 진격과 후퇴를 스스로 결정해야 할 것이다. 이는 군주에 대한 항명이 아니라, 나라와 백성을 지키겠다는 그의 일념일 따름이다. 그러므로 군주는 장수의 전투에 대한 재량권에 제동을 걸어서는 아니되며, 장수는 그 결과에 대한 책임 추궁을 두려워 하지 말아야 한다.

1

손자가 말하였다.

지형에는 통하는 곳, 장애가 되는 곳, 갈라진 곳, 좁은 곳, 험준한 곳, 먼 곳이 있다. 아군과 적군이 모두 쉽사리 나아갈 수 있는 곳을 통형(通形)이라고 한다. 여기서는 먼저 높고 햇볕이 잘 드는 데에 진을 치고 군량 보급로를 확보하면 적과 싸우기에 이롭다. 나아가기는 쉬우나 물러나

기가 어려운 곳을 괘형(挂形)이라고 한다. 이런 곳에서는 적이 수비를 굳히고 있지 않을 때 나아가 싸우면 이길 수 있으나, 이미 수비를 굳히고 있다면 나아가 싸워도 이기기 어렵고 또한 물러서기에도 불리하다.

우리 편이 나아가서 싸워도 불리하고 적이 진격해도 불리한 지세를 지형(支形)이라고 한다. 이런 곳에서는 적이 비록 우리에게 이로움을 주더라도 공격해서는 아니된다. 군사들을 이끌고 뒤로 물러가는 체하여 적을 나오게 한 다음에 공격하면 이롭다.

애형(隘形)은 우리가 먼저 그곳을 차지하면 수비에 충실한 채 적을 기다려야 한다. 만일 적이 먼저 그곳을 차지하여 그 수비가 충실하면 싸우지 말고, 수비가 허술하면 따라가서 싸워도 된다.

험형(險形)은 우리가 먼저 그곳을 점령하면 반드시 높고 햇볕이 잘 드는 곳에 진을 치고 적의 공격을 기다려야 한다. 만일 적이 먼저 그곳을 점령했으면 군사를 이끌고 철수할 것이며, 쫓아가 싸워서는 아니된다.

원형(遠形) 즉 멀리 떨어진 곳에서는 피아의 병력이 비등하다면 싸움을 걸기가 어렵고, 막상 싸워도 이롭지 못할 것이다. 대체로 이 여섯 가지는 지리의 원칙이다. 이를 교묘하게 운용함이 장수의 중요한 책무이므로 잘 살펴야 하는 것이다.

孫子曰 地形에 有通者하고 有挂者하며 有支者하고 有隘者하며
손자왈 지형　유통자　　유괘자　　유지자　　유애자

有險者하고 有遠者니라. 我可以往하고 彼可以來를 曰通이니 通
유험자　　유원자　　　아가이왕　　피가이래　왈통　　통

形者는 先居高陽하여 利糧道以戰則利니라. 可以往이나 難以返
형자   선거고양   이량도이전즉리   가이왕   난이반

을 曰挂니 挂形者는 敵無備면 出而勝之하고 敵若有備면 出而
왈괘   괘형자   적무비   출이승지   적약유비   출이

不勝이니 難以返不利니라. 我出而不利하고 彼出而不利를 曰支
불승   난이반불리   아출이불리   피출이불리   왈지

니 支形者는 敵雖利我나 我無出也니 引而去之하여 令敵半出而
지형자   적수리아   아무출야   인이거지   영적반출이

擊之면 利니라. 隘形者는 我先居之하고 必盈之以待敵이니 若敵
격지   이   애형자   아선거지   필영지이대적   약적

先居之면 盈而勿從하고 不盈而從之니라. 險形者는 我先居之하
선거지   영이물종   불영이종지   험형자   아선거지

여 必居高陽而待敵이니 若敵先居之면 引而居之하고 勿從也라.
필거고양이대적   약적선거지   인이거지   물종야

遠形者는 勢均難以挑戰이니 戰而不利니라. 凡此六者는 地之道
원형자   세균난이도전   전이불리   범차육자   지지도

也오 將之至任이니 不可不察也라.
야   장지지임   불가불찰야

고양(高陽) : 지대가 높고 양지 바른 곳.

괘형(挂形) : 나아가기는 쉬우나 물러나기가 어려운 곳.

지형(支形) : 아군이 나아가서 싸워도 불리하고 적이 진격해도 불리한 지형.

이아(利我) : 아군에게 이득을 보여줌.

인이거지(引而去之) : 군대를 이끌고 거기에서 물러섬.

애형(隘形) : 들어오는 데는 좁고 안쪽이 낭떠러지로 둘러싸인 지형.

험형(險形) : 작전이 어려운 험준한 지형.

원형(遠形) : 피아(彼我)가 서로 멀리 떨어져 있는 것.

세균(勢均) : 양쪽의 병력이 비등함.

지지도(地之道) : 지리(地利)를 싸움에 이용하는 방법.

지임(至任) : 지상(至上)의 책무.

〈풀이〉

손자는 이 장에서 여섯 가지 지형에 대해 논하고 있다. ① 통형(通形)은 아군과 적이 다같이 자유로이 진격할 수 있는 곳이다. 여기서는 먼저 높고 햇볕이 잘 드는 데를 차지하고 병참선을 확보해야만 유리하다. ② 괘형(挂形)은 경사지로서 아군이 그 위를 점거했다면 적을 치기에는 쉬우나 후퇴하기에는 불리한 지형이다. 이런 곳에서는 적의 방어 태세가 허술할 경우에만 공격할 수 있다. ③ 지형(支形)은 피아의 진격에 모두 불리한 지형이다. 예컨대 적과 아군 진지의 중간 지점에 늪이나 하천이 있는 경우이다. 이런데서는 적의 유도 전술에 말려들지 말고 군대를 이끌고 철수하는 척하며 적을 유인한 후에 공격하는 게 이롭다. ④ 애형(隘形)은 출입구가 좁고 안쪽이 산과 낭떠러지로 둘러싸인 지형이다. 만약 아군이 먼저 이를 점령하면 수비를 강화한 후 적의 침공을 기다려야 한다. 적이 먼저 이를 차지했을 때는 그 수비가 허술해야만 공격할 수 있다. ⑤ 험형(險形)은 매우 험준한 지형으로 지키기에는 유리하나, 공격하기에는 불리한 지형이다. 여기서는 지대가 높고 양지바른 데를 점거한 후 적의 침공을 기다려야 한다. 임진왜란 때 왜군들은 조령을 통과하기에 앞서 무려 세 번이나 척후병을 보내어 수비 병력의 유무를 살피게 했다. 우리 군사가 지키고 있지 않음을 확인한 그들은 노래를 부르며 그곳을 넘어갔다고 한다. 우리 측이 이와 같은 험요처를 버려두고 탄금대에서 배수진으로 왜군과 싸우다가 패배한 것은 참으로 안타까운 일이었다.

⑥ 원형(遠形)은 아군과 적군이 본국과는 거리가 너무 먼 곳에서 싸워야 할 경우이다. 이럴 때는 병참선이 길어져 군수물자의 조달에 어려움이 많게 마련이다. 따라서 이 문제의 해결 여부가 곧 전쟁의 승패를 좌우하게 된다.

2

그러므로 군대에는 달아나는 자, 해이한 자, 결함있는 자, 무너지는 자, 흩어지는 자, 패배하는 자가 있다. 이 여섯 가지는 자연의 재앙이 아니라 장수의 잘못에서 비롯된 것이다.

피아의 병력은 같은데도 1로써 10을 공격하는 것을 달아나는 군대라고 한다. 졸병이 강하고 장교가 약한 것을 해이한 군대라고 한다. 장교가 강하고 졸병이 약한 것을 결함이 있는 군대라고 한다. 장교들이 성내며 장수에게 복종치 않고 적을 만나면 홧김에 제멋대로 싸운다. 장수는 이런 실정을 알지 못하니 이를 무너지는 군대라고 한다. 장수가 나약하여 위엄이 없고 군령이 분명치 못하며, 장교와 졸병들이 침착하지 못해 그 진(陣)이 어지러운 것을 흩어지는 군대라고 한다. 장수가 적의 실정을 헤아리지 못해 소수의 무리로써 많은 병력과 싸우고 약한 군대로 강한 군대를 공격하며 앞장 설 정예부대가 없는 것을 패배하는 군대라고 한다. 대체로 이 여섯 가지는 전투에서 패

배하는 원인이다. 이는 장수의 지극한 책무이니 잘 살펴야
하는 것이다.

故로 兵에 有走者하고 有弛者하며 有陷者하고 有崩者하며 有亂
고   병   유주자   유이자   유함자   유붕자   유란

者하고 有北者니라. 凡此六者는 非天地之災오 將之過也라. 夫
자   유배자   범차육자   비천지지재   장지과야   부

勢均에 以一擊十을 曰走오 卒强吏弱을 曰弛오 吏强卒弱을 曰
세균   이일격십   왈주   졸강리약   왈이   이강졸약   왈

陷이오 大吏怒而不服하고 遇敵懟而自戰하며 將不知其能을 曰
함   대리노이불복   우적대이자전   장부지기능   왈

崩이오 將弱不嚴하고 敎道不明하여 吏卒無常하고 陳兵縱橫을
붕   장약불엄   교도불명   이졸무상   진병종횡

曰亂이오 將不能料敵하여 以少合衆하고 以弱擊强하며 兵無選
왈란   장불능료적   이소합중   이약격강   병무선

鋒을 曰北니라. 凡此六者는 敗之道也오 將之至任이니 不可不
봉   왈배   범차육자   패지도야   장지지임   불가불

察也라.
찰야

❈

이(吏) : 장교.

대리(大吏) : 고급 장교.

우적(遇敵) : 적을 만남. 적병과 조우함.

대(懟) : 원망함.

교도(敎道) : 병사들을 교련하는 방법.

종횡(縱橫) : 가로와 세로. 행동이 거침없음. 여기서는 무질서
  하다는 뜻.

선봉(選鋒) : 골라 뽑은 날래고 용감한 군사.

〈풀이〉

손자는 피아의 병력이 같은데도 하나로써 열을 치는 것

올 달아나는 군대라고 했다. 사실 전투에 군사를 조금씩 투입하여 손실을 당한 예는 많았다.

크레오파트라와의 염문으로 유명한 로마의 장군 안토니우스(82~30 B.C.)가 파르티아군과 싸울 때의 일이다. 로마군은 메디아의 프라타를 포위 공격했으나 공성기를 후방에 남겨두어 성과가 없었다. 안토니우스는 사기가 꺾인 군대를 이끌고 부근 일대를 약탈하였다. 로마군이 이동하자 파르티아군이 쫓아와 공격의 기회를 노렸다. 막상 전투가 벌어지자 쌍방은 큰 피해를 입고 소강상태에 들어갔다.

파르티아 왕 프라테스는 전술을 바꾸었다. 부하들에게 로마군이 공격하더라도 대항치 말고 이들의 용맹을 칭송하며 파르티아 왕도 탄복하고 있다고 말하라 했다. 그리고 파르티아군의 휴전 제의를 안토니우스가 반대하나「추위와 굶주림이 닥치면 로마군은 전멸될 것이다」라고 말하라 지시했다. 병사들은 적군이 퍼뜨리고 있는 말을 안토니우스에게 전하였다. 그는 파르티아군이 진실로 휴전할 의사가 있는 지를 알아 본 후에 군대를 철수시키고자 했다.

파르티아 왕 프라테스는 로마군이 물러간다면 안전은 보장한다고 약속하였다. 안토니우스는 올 때의 길을 따라 물러가기로 했다. 그 길은 나무나 인가가 없는 황량한 벌판이었다. 이때 파르티아인들의 사람됨을 잘 알고 있는 마르디인이 로마군의 진영으로 왔다. 그 사람은 안토니우스에게 중무장한 군대가 치중대를 이끌고 넓은 벌판으로 나가면 파르티아 기병에 포위되어 화살 세례를 받게 되니 오른쪽 산맥을 따라 행군하라고 말한다. 그는 또한 프라테스의 휴전 제의는 기습을 위한 속임수에 지나지 않으며 자기는 군량을 얻을 수 있는 길로 장군을 모시겠다고 했다. 안토니우스는 그 사람의 말을 전적으로 믿을 수 없으므로 일단 그를 결박한 후 길을 안내하도록 한다. 로마군은 이틀 동안 적과 만나지 않고 행군할 수 있었다.

사흘째 되는 날 강의 둑을 터뜨려 놓은 곳에 이르렀다. 마르디인은 파르티아인의 소행임을 알고 안토니우스에게 적이 가까이 있으니 경계하라고 했다. 안토니우스가 서둘러 투창수와 투석수 부대를 배치하고 있을 때 파르티아군이 쳐들어 왔다. 이들은 로마군의 경무장 부대와 접전을 벌였다. 파르티아군은 화살을 쏘아대고 로마군은 창을 던지며 서로 많은 사상자를 내었다. 이때 로마군의 켈트인 기병대가 내달아 적을 격퇴하였다. 그후 나흘 동안 적은 몇 번 쳐들어왔으나 전보다 더 큰 피해를 입고 물러갔다.

닷새째 되는 날 무공을 많이 세운 플라비우스 칼루스가 사령관 안토니우스에게 보병과 기병의 일부를 자기에게 맡겨주신다면 후미에서 적을 무찌르겠다고 제안했다. 안토니우스는 이를 허락하고 그에게 병력의 일부를 맡겼다. 그는 적군이 나타나자 군사를 이끌고 용감히 싸웠다. 후미부대의 장군들은 칼루스가 멀리 떨어져 싸우는게 불안하여 빨리 돌아오도록 전령을 보내었다. 그러나 고집이 센 칼루스는 이 말을 듣지 않았다. 이에 화가 난 티티우스(재정관)가 군기를 돌려 세우며 병사들을 희생시키지 말라고 외쳤다. 칼루스는 도리어 욕설을 퍼부으며 부하들에게 물러서지 말고 끝까지 싸우라고 명령했다. 티티우스는 그의 고집을 꺾지 못하고 후미로 되돌아 갔다.

칼루스는 적을 향해 무모한 돌격을 가했다. 그러나 그 사이에 적의 대군이 사면으로부터 그를 포위했다. 아군이 위태롭게 되자 로마군의 중무장 부대의 장군들은 구원병을 보내었다. 그러나 그들은 중무장 병력을 한꺼번에 보내어 집중적인 공격을 가하지 않고 조금씩 보내어 쓰러지면 또 보내는 식으로 했다. 이른바 하나로써 열을 치는 격이었다. 이렇게 여러 차례 거듭되자 전군이 무너지게 되었다.

바로 이 순간 총사령관 안토니우스가 선두의 중무장 부대를 이끌고 적군과 싸우고 제3군단이 달려와 이에 가세하여 위기를 넘겼다. 이 싸움에서 로마군은 8천 명이 죽거나 부상을 당하였다. 칼루스는 몸에 다섯 개의 화살을 맞고 숨겼다. 안토니우스는 부상병들을 위문하여 군심의 동요를 막았다. 그후 파르티아군은 로마군을 다시 공격했으나 거북전술에 말려들어 격퇴당한다. 안토니우스는 마르디인의 조언에 따라 산길로 행군했다. 로마군은 아라크세스 강을 넘어 아르메니아 땅에 이르러서야 비로소 파르티아군의 추격에서 벗어날 수 있었다.

3

무릇 지형은 싸움의 보조 수단이다. 적의 실정을 헤아려 승리를 얻기 위해서는 지형의 험하고 막힘과 멀고 가까움을 잘 살펴야 하는데 이는 장수의 도리이다. 이를 알아 싸움에 응용하는 이는 반드시 이기고, 이를 몰라 싸움에 응용치 못하는 이는 반드시 패배한다. 그러므로 용병의 원리

상 이길 수 있다면 임금이 싸우지 말라고 해도 반드시 싸
워야 한다. 용병의 원리상 이길 수 없다면 임금이 싸우라
고 해도 싸우지 말아야 한다. 따라서 나아감에 명예를 추
구하지 않고, 물러남에 죄를 피하지 않으며, 다만 백성을
돌보아 지키고 임금을 이롭게 함이니, 이런 장수가 곧 나
라의 보배인 것이다.

夫地形者는 兵之助也니 料敵制勝하고 計險阨遠近이 上將之道
부지형자   병지조야   요적제승   계험액원근   상장지도

也라. 知此而用戰者는 必勝하고 不知此而用戰者는 必敗니라.
야   지차이용전자   필승   부지차이용전자   필패

故로 戰道必勝이면 主曰無戰이라도 必戰이 可也오 戰道不勝이
고   전도필승   주왈무전   필전   가야   전도불승

면 主曰必戰이라도 無戰이 可也라. 故로 進不求名하고 退不避
  주왈필전   무전   가야   고   진불구명   퇴불피

罪하며 惟民을 是保하여 而利於主가 國之寶也라.
죄   유민   시보   이리어주   국지보야

❖

병지조(兵之助) : 용병의 보조 수단.

험액(險阨) : 험하고 막힌 곳.

상장(上將) : 최고 사령관. 총사령관.

전도(戰道) : 용병의 원리.

주(主) : 임금.

〈풀이〉

쿠빌라이칸이 미엔(버어마)과 방갈라(벤갈)를 정벌한
것은 1277년의 일이었다. 이 두 나라의 임금들은 몽골의
원정군이 보창에 이르자 군대를 이끌고 격퇴하기로 했다.
이들의 병력은 기병과 보병, 코끼리 부대를 합쳐 6만이었

다. 한편 몽골 원정군 사령관 나스루딘(보하라인)은 1만 2천의 병력으로 적군과의 결전을 기다리고 있었다.

나스루딘은 병력의 절대적인 열세에도 불구하고 이길 수 있다는 신념을 버리지 않았다. 그는 보창의 평야로 내려와 밀림 측면에 진(陣)을 쳤다. 이는 코끼리 부대가 밀고 들어올 때 숲속으로 후퇴하여 활로써 적군을 사살할 작전이었다. 그는 싸움에 앞서 병사들에게 이렇게 말한다.

「오늘 우리와 싸울 적은 훈련이 부족한 군대이다. 그러니 숫자가 많다고 해서 두려워 할 게 없다. 우리는 전세계에 용맹을 떨치는 최정예 부대가 아닌가. 이번에도 반드시 이긴다는 신념으로 싸움에 임하기 바란다.」

이 훈시가 끝난 후 얼마 안 되어 미엔과 방갈라군은 몽골군의 진영으로 쳐들어 왔다. 몽골 원정군은 적군이 가까이 올 때까지 침착하게 기다렸다. 적군이 참호 근처에 이르자 몽골군은 함성을 지르며 돌격하였다. 그러나 몽골군의 말들은 코끼리와 같은 큰 짐승을 본 적이 없었다. 말들이 놀라며 뒷걸음치자 병사들이 이를 달래었으나 소용이 없었다.

미엔과 방갈라군은 이 기회를 놓치지 않고 세차게 공격하였다. 이에 전세는 적군에 유리하게 전개되었다. 나스루딘은 이 광경을 보고 즉시 병사들에게 말에서 내려 밀림의 나무에다 말들을 매도록 했다. 그리고 미엔과 방갈라왕의 군대가 몽골군에 접근하자 활을 쏘아 물리쳤다. 미엔과 방갈라군도 활을 쏘아 응전했으나 몽골군에 비해 위력이 약했다. 또한 이들이 믿고 있던 코끼리떼는 몽골군의 화살이 몸에 박히자 후방으로 달아나 자기 군대를 짓밟았다. 이렇게 코끼리부대가 무너지자 몽골군은 다시 말을 타고 돌진하였다. 미엔과 방갈라 왕의 군대도 용감히 싸웠다. 양군은 칼·창·철퇴 등으로 접전을 벌였다. 싸움터는 곧 살육과 피비린내의 아수라장으로 변했다. 미엔과 방갈라 왕들도 용감히 싸웠으나 그들의 군대가 원정군을 당해내지 못함을 알고는 마침내 도주하였다. 몽골의 원정군은 이들을 추격해 큰 승리를 거둔다.

이 싸움의 결과 미엔과 방갈라는 원(元)나라에 편입된다. 미엔과 방갈라 왕이 싸움에 진 것은 지형의 이점을 살리지 못했기 때문이었다. 만약 이들이 삼림 측면에서 진을 치고 있는 몽골군을 공격치 않고 평야지대로 유인했더라면 이길 수 있었을 것이다. 평야지대에서는 숫적으로 우세한 기병으로 몽골군을 포위하고, 코끼리떼가 이들을 짓밟을 수도 있기 때문이다.

이렇게 지형은 싸움의 보조 수단이 된다. 따라서 이를 잘 살펴 전투에 응용하는 자는 이기고, 제대로 응용치 못하는 자는 패배하는 것이다.

4

졸병들을 보기를 어린아이 같이 하라. 그러면 그들과 함께 험하고 깊은 골짜기에도 들어갈 수가 있는 것이다. 졸병들을 보기를 사랑하는 자식 같이 하라. 그러면 그들과 더불어 생사를 같이 할 수가 있다. 그러나 졸병들을 지나치게 후대하면 부릴 수가 없고, 지나치게 사랑하면 명령을

내릴 수가 없으며 혼란해도 다스리지 못할 것이다. 이는
말하자면 버릇없는 자식처럼 쓸모가 없게 된다.

視卒을 如嬰兒하니 故로 可與之赴深溪오 視卒을 如愛子하니
시졸   여영아   고   가여지부심계   시졸   여애자

故로 可與之俱死니라. 厚而不能使하고 愛而不能令하며 亂而不
고   가여지구사   후이불능사   애이불능령   난이불

能治면 譬如驕子니 不可用也라.
능치   비여교자   불가용야

❖

영아(嬰兒) : 젖먹이.
부(赴) : 이르러 닿다, 다다르다.
교자(驕子) : 버릇없는 자식.

〈풀이〉

사마양저(司馬穰苴)는 전완의 후예이다. 제나라 경공 때
진군(晉軍)이 아(阿)·진(甄)에 쳐들어오고 연군(燕軍)이
하상(河上)을 침범했다. 제나라 군대가 계속 패배하자 경
공은 근심에 잠긴다. 이때 대신 안영(晏嬰)이 경공에게 양
저를 천거하며 이렇게 말했다.

「양저의 문장은 뭇사람을 감동시킬 수 있고, 그의 용병
술은 적군을 떨게 할 수 있습니다.」

경공은 양저를 불러 용병에 대해 물어보았다. 양저의 재
능에 감탄한 경공은 그를 장수로 기용하여 침략군을 물리
치도록 했다(B.C. 547년). 출정에 앞서 양저는 경공에게
이렇게 말한다.

「신은 본시 미천한 출신이오나 임금님께서 뽑아 장수로
임명했습니다. 그러나 아직 권위와 신뢰가 약해 사졸과 백

성이 믿고 따르는 것은 아닙니다. 그러하오니 임금님께서 총애하시는 신하를 감군(監軍)으로 임명해 신의 위신을 세워 주시기 바랍니다.」

경공은 양저의 청을 받아들여 장가(莊賈)를 감군으로 동행토록 했다. 양저는 경공에게 하직 인사를 드리고, 장가와는 내일 정오에 군영에서 만나기로 약속한다. 다음날 양저는 약속시간보다 일찍 군영에 이르러 해시계와 물시계를 걸어 놓고 장가를 기다렸다. 그런데 성품이 교만한 장가는 감찰관인 자기는 시간에 구애받을 게 없다고 여기며, 친지들과 느긋이 술을 마셨다. 정오가 되어도 장가가 오지 않으니 양저는 해시계와 물시계를 치우고 군영에 들어가 명령을 시달했다.

저녁 무렵이 되어서야 장가가 군영에 이르렀다. 양저가 그를 노려보며 물었다. 「왜 늦었소?」 장가가 태연히 대답한다. 「친지들이 송별연을 베풀어 주어 늦어진 것입니다.」 그러자 양저는 이렇게 말한다. 「장수는 출전의 명령을 받게 되면 그날부터 집안 일을 잊고, 군령이 내리면 가족도 잊어야 하며, 북을 치며 싸울 때는 자기의 몸조차 돌보지 말아야 한다. 지금 적군이 침입하여 변경지대가 소란하고 장병들은 나라를 지키며 한뎃잠을 자고 있다. 또한 임금은 편히 잠들지 못하고 먹어도 단 맛을 모르며, 백성들의 목숨은 임금에게 달려있다. 이런 때 송별연이 웬말인가?」 양저는 곧 군정(軍正;법무관)에게 「기한을 어긴 자는 어떤 벌을 받는가?」하고 물었다. 「목을 쳐야 합니다.」

이에 겁이 난 장가는 종자에게 빨리 말을 달려 경공에게 목숨을 구해 주도록 요청케 했다. 그러나 종자가 돌아

오기도 전에 양저는 장가의 목을 베고 이를 모든 장병들에게 알렸다. 얼마 후 경공이 보낸 사자가 부절을 보이며 장가의 목숨을 살려 달라고 했다. 사자가 수레를 타고 군영에 이르니 양저가 이렇게 말한다. 「장수된 자는 군영에서 임금의 명령도 듣지 않는 수가 있다.」 그리고는 다시 군정에게 물었다. 「지금 사자가 군영 안으로 수레를 몰고 들어왔다. 어떤 처벌을 내려야 하는가?」 「마땅히 목을 쳐야 합니다.」 사자는 두려움에 새파랗게 질렸다. 그러나 양저는 「임금의 사자를 목 벨 수는 없다.」고 하고는 대신 마부와 원편의 곁말을 베어 죽인 후 전 장병에게 보였다. 그는 이 사실을 사자를 통해 경공에게 보고한 후 싸움터로 달려갔다.

양저는 행군하면서 병졸들의 잠자리, 식사, 음료수 등과 병든 이의 치료에 정성을 쏟았다. 그리고 임금이 자기에게 내린 물품을 병졸들에게 골고루 나누어 주고 식사와 잠자리를 그들과 같이 했다. 이렇게 하자 병든 이들도 모두 전투에 나서길 자원한다. 진나라 군사들은 이 소식을 듣고는 싸우지도 않고 물러가며, 연군도 스스로 황하를 건너 돌아갔다.

사마양저는 이들을 추격하여 잃었던 땅을 도로 찾고 군대를 이끌고 돌아왔다. 그는 군대가 도성에 이르기 전에 군령을 거두고 임금에 대한 충성을 다짐한 이후에야 입성한다. 경공은 백관을 거느리고 교외에 나와 이들을 영접하고 환영식을 베풀었다. 이어 경공은 궁궐에서 양저의 노고를 다시 치하한 다음 그에게 대사마(大司馬;국방부 장관)의 직책을 맡긴다. 사마양저는 위엄과 은덕을 아울러 베풀어 부하들을 심복케 한 것이다. 다만 은덕을 베풀기만 하고 군령을 엄격히 시행치 않으면 사졸을 부릴 수가 없게 되는 것이다.

5

우리 군사가 공격할 능력이 있다는 것만을 알고 적군에게 이를 막아낼 능력이 있음을 알지 못한다면 이길 확률은 절반이다. 적군에게 공격할 만한 약점이 있음을 알아도 우리 군사가 이를 공격할 능력이 없음을 알지 못한다면 이길 확률은 절반이다. 적군에게 공격할 만한 약점이 있음을 알고 우리 군사가 이를 공격할 능력이 있음을 알아도 지형상 싸워서는 아니될 경우임을 알지 못한다면 이길 확률은 절반이다.

知吾卒之可以擊이나 而不知敵之不可擊이면 勝之半也오 知敵
지오졸지가이격　이부지적지불가격　승지반야　지적

之可擊이나 而不知吾卒之不可以擊이면 勝之半也오 知敵之可
지가격　이부지오졸지불가이격　승지반야　지적지가

擊하고 知吾卒之可以擊이나 而不知地形之不可以戰이면 勝之
격　지오졸지가이격　이부지지형지불가이전　승지

半也라.
반야

❖

승지반(勝之半) : 반은 이긴다. 승률이 반이라는 뜻임.

〈풀이〉

장수된 이는 싸움에 앞서 아군의 실력과 적의 실정을

제대로 파악해야만 한다. 이런 바탕으로 아군에게 불리한 지형을 멀리하고, 유리한 곳에서 싸운다면 승리할 수 있다. 사실 지형이 전투에 불리한 지의 여부를 헤아리지 못한다면 어리석은 장수일 것이다.

　제갈량의 제1차 북정시 전군사령 마속은 부장 왕평의 조언을 듣지 않고 산 위에 진을 치는 우(愚)를 범한다. 그는 위나라 장합군의 포위 공격으로 후방과의 연락이 차단당한 채 크게 패하고 만다. {가정(街亭)의 패전(228년)}. 이는 불리한 곳에서 적과 싸워 스스로 패배를 불러들인 경우에 해당될 것이다.

6

　그러므로 용병을 아는 이는 움직임에 주저함이 없고 군사를 일으켜도 궁지에 몰리지 않을 것이다. 따라서 적을 알고 아군을 알면 승리는 위태롭지 않고, 천시(天時)를 알고 지리(地利)를 알면 승리는 언제나 온전(穩全)할 것이다.

故로 知兵者는 動而不迷하고 擧而不窮이니 故로 曰 知彼知己
고　　지병자　　동이불미　　거이불궁　　　고　　왈　지피지기

면 勝乃不殆하고 知天知地면 勝乃可全이라 하도다.
　　승내불태　　　지천지지　　승내가전

지병(知兵) : 용병(用兵)을 앎.

불태(不殆) : 위태롭지 않음.

지천지지(知天知地) : 하늘을 알고 땅을 앎. 천시(天時)를 알고 지리(地利)를 앎.

승내가전(勝乃可全) : 승리는 곧 온전(穩全)할 것이다. 완전한 승리를 얻게 된다는 뜻.

〈풀이〉

로마의 장군 가이우스 마리우스(157~86 B.C.)는 용병술과 무예가 뛰어난 이었다. 그는 전투에 앞서 피아의 실정을 잘 헤아리며, 시기와 지형적 조건을 아군의 작전에 유리하게 이용해 자주 완전한 승리를 거둔 바 있다. 마리우스가 게르만 계열의 테우토네스족과 암브론족을 상대로 싸울 때의 일이다(B.C. 102년). 이때 테우토네스족과 암브론족은 제노아 지방을 거쳐 로느 강가의 마리우스 진지를 향하여 행군하고 있었다. 마리우스는 그들이 로마군의 진지 앞에 이르렀으나 병사들을 내보내지 않고 방어에만 치중한다. 적군은 날마다 진지 앞에 나타나 욕설을 퍼부으며 싸움을 청하였다. 마리우스의 엄명으로 나아가 싸울 수 없게 된 병사들은 이렇게 투덜거리기 시작했다.

「사령관은 왜 우리에게 전투 명령을 내리지 않는가? 우리가 계집이나 종이란 말인가? 이래가지고서야 어찌 이탈리아를 지킬 수 있겠는가?」

마리우스는 이런 불평을 듣고 속으로 기뻐했으나 좀더 적절한 시기가 오기를 기다렸다. 그런데 적군이 참지 못하고 로마군의 진지를 공격했다. 그러나 로마군이 방벽에 의지한 채 창을 던지고 활을 쏘자 그들은 막대한 피해를 입고 후퇴한다.

마리우스는 적군의 뒤를 따라 행군하여 아콰에 섹스티이에 이르렀다. 그는 그곳의 높은 지대에 진을 치고 결전의 시기를 기다렸다. 저녁 무렵 로마군의 종들이 물을 길으려고 적진 앞에 흐르는 개울로 갔다. 이때 저녁을 먹고 있던 적들이 그들을 보고 덤벼들었다. 로마군의 리구리아 부대(게르만족에 속함)가 종들을 구하기 위해 무기를 들고 내려갔다. 양쪽 군대는 서로 고함을 지르면서 다가갔다. 그런데 적군은 시냇가에 이르자 한꺼번에 건널 수 없어 대열이 흩어지고 있었다. 리구리아 부대가 그들에게 달려들어 치열한 전투가 벌어졌다. 로마 군병도 고지에서 내려와 리구리아 부대를 도우며 적을 무찔렀다. 적군은 대부분 힘 한번 써보지 못한 채 로마군의 창칼에 찔리어 쓰러져 갔다. 또한 쫓겨서 진지로 달려간 자들도 자기네 여인들의 칼과 도끼에 맞아 죽었다. 이 사나운 여인들은 쫓겨오는 자기 편과 로마군을 가리지 않고 마구 무기를 휘둘렀던 것이다.

로마군은 그녀들을 찔러 죽인 후 진지로 돌아왔다. 적들은 밤중에 구슬피 울며 사무치는 원한을 달래고 있었다. 그러나 그들은 다음 전투에 대비해 이틀 동안 휴식을 취한다. 그동안 마리우스는 부장 마르셀루스에게 중무장병 3천을 주어 적군의 진지 뒤의 산과 산림이 울창한 곳에 숨어있게 했다. 일단 싸움이 벌어지면 적군의 배후를 공격하는 게 복병의 임무였다. 마리우스는 남은 군사들에게는 저녁밥을 배불리 먹여 잠들게 했다.

다음날 동이 틀 무렵 마리우스는 기병대를 선두에 세우며 전투 태세를 취하였다. 적군은 로마군이 평야로 내려오기를 기다리지 않고 성급하게 무기를 들고 고지를 향해 올라갔다. 마리우스는 병사들에게 그 자리에 서 있다가 적군이 가까이 오면 먼저 창을 던지고 다음에 칼로 베어 무찌르라고 지시했다. 그는 밑에서 올라오면서 공격하는 부대는 체력 소모가 심해 그 대열이 쉽게 무너짐을 잘 알고 있었던 것이다. 이리하여 로마군은 적이 다가오자 고지에서 맹렬한 공격을 퍼부었다.

적군의 공격은 로마군만큼 세차지 못하였다. 이에 로마군은 고지에서 내려오면서 그들을 벌판 쪽으로 밀어내기 시작한다. 선두가 밀리자 가운데와 후미 부대에서 일대 혼란이 일어났다. 바로 이때 마르셀루스의 복병이 함성을 지르며 나타나 적의 후미 부대에 덤벼들었다. 이제 앞뒤로 공격을 당하게 된 적군은 더 이상 견디어 내지 못하고 흩어져 달아났다. 로마군은 이들을 추격하여 무려 10만 명을 죽이거나 사로잡았다. 싸움이 끝나자 마리우스는 적의 갑옷과 무기중 좋은 것은 개선식 때 쓰기로 하고 나머지는 모두 제물로 삼아 태워 버렸다. 이 제사를 올리는 도중에 그는 다시 집정관에 선출되었다는 기쁜 소식을 듣게 된다.

11. 구지편(九地篇)

유능한 지휘관은 지형에 따라 작전을 달리하며, 인간의 심리에 대해 예리한 통찰력을 지니고 있다. 그러므로 그는 사졸들을 결사적으로 싸워야 될 상황에 몰아 넣은 후 그 전투력을 최대한 발휘케 한다. 또한 적군의 대부대와 소부대, 윗사람과 아랫사람이 서로 돕지 못하도록 하여 언제나 자기의 실(實)로써 상대방의 허(虛)를 치는 것이다.

1

손자가 말하였다.

지형에 따라 용병하는 방법에는 산지(散地), 경지(輕地), 쟁지(爭地), 교지(交地), 구지(衢地), 중지(重地), 비지(圮地), 위지(圍地), 사지(死地)가 있다.

제후가 스스로 자기 땅 안에서 싸우게 되면 이를 산지라 한다. 남의 땅에 침입했어도 깊이 들어가지 않으면 이를 경지라 한다. 아군이 차지해도 이롭고 적군이 차지해도 이로운 데를 쟁지라 한다. 우리가 갈 수도 있고 상대방이 올 수도 있는 데를 교지라 한다. 제후의 땅이 우리와 적과 제3국에 접하고 있어서 먼저 이르면 천하의 무리를 자기 편으로 만들 수 있는 곳을 구지라 한다. 남의 영토에 깊숙이 쳐들어가 많은 성과 고을을 등지는 곳을 중지라 한다. 산림·험준한 땅·늪지대와 같이 행군하기 어려운 길을 비

지라 한다. 들어가는 길이 좁아서 돌아올 때에는 우회해야
하며 적이 적은 수로도 우리의 많은 병력을 칠 수 있는 곳
을 위지라 한다. 죽기를 각오하고 싸우면 살아 남지만 그
러지 않으면 섬멸당하는 곳을 사지라 한다. 따라서 산지에
서는 싸우지 말고, 경지에서는 주둔하지 말며, 쟁지에서는
공격을 해서는 아니된다. 교지에서는 연락이 끊겨서는 안
되며, 구지에서는 제3국과의 외교를 돈독히 하며 중지에
서는 물자를 현지 조달해야 한다. 비지에서는 빨리 통과하
고 위지에서는 계략으로 벗어나며, 사지에서는 오직 목숨
을 걸고 싸워야 한다.

孫子曰 用兵之法에 有散地하고 有輕地하며 有爭地하고 有交地
손자왈 용병지법   유산지   유경지   유쟁지   유교지

하며 有衢地하고 有重地하며 有圮地하고 有圍地하며 有死地니
   유구지   유중지   유비지   유위지   유사지

라. 諸侯自戰其地者는 爲散地오 入人之地而不深者는 爲輕地오
   제후자전기지자   위산지   입인지지이불심자   위경지

我得則利하고 彼得亦利者는   爲爭地니라. 我可以往하고 彼可
아득즉리   피득역리자   위쟁지   아가이왕   피가

以來者는 爲交地오 諸侯之地로 三屬하여 先至而得天下之衆者
이래자   위교지   제후지지   삼촉   선지이득천하지중자

는 爲衢地오 入人之地深하여 背城邑多者는 爲重地오 行山林險
  위구지   입인지지심   배성읍다자   위중지   행산림험

阻沮澤하여 凡難行之道者는 爲圮地오 所由入者隘하고 所從歸
조저택   범난행지도자   위비지   소유입자애   소종귀

者迂하여 彼寡可以擊吾之衆者를 爲圍地오 疾戰則存하고 不疾
자우   피과가이격오지중자   위위지   질전즉존   부질

戰則亡者를 爲死地니라. 是故로 散地則無戰하고 輕地則無止하
전즉망자   위사지   시고   산지즉무전   경지즉무지

며 爭地則無攻하고 交地則無絶하며 衢地則合交하고 重地則掠
  쟁지즉무공   교지즉무절   구지즉합교   중지즉략

하며 圮地則行하고 圍地則謀하며 死地則戰이니라.
   비지즉행   위지즉모   사지즉전

❖

비(圮) : 언덕이 무너진다는 뜻.

구(衢) : 네거리. 교차로.

험조(險阻) : 험준한 지형.

저택(沮澤) : 늪지대.

우(迂) : 멀리 돌아서 감.

약(掠) : 약탈함. 물자를 현지에서 조달함.

〈풀이〉

지형은 전투의 보조 수단이다.

손자는 그것을 아홉 가지로 구분하여 적절한 작전을 구사할 것을 시사하고 있다. 사실 사졸들은 싸움터의 지형적 조건에 따라 미묘한 심리적 변화를 보이게 된다. 예컨대 산지(散地)나 경지(輕地)에서는 가족이나 고국에 대한 생각으로 제대로 싸우지 못하는 경우가 있다. 그러나 사지(死地)에 놓이게 되면 살아남기 위해 죽을 힘을 다해 싸우기도 하는 것이다. 그러므로 장수된 이는 지형과 사졸들의 심리적 움직임의 상관 관계를 잘 살펴 전투력 발휘에 차질이 없도록 해야 할 것이다.

2

이른바 옛날부터 전술에 뛰어난 이는 적으로 하여금 앞

뒤의 부대가 서로 연락이 닿지 못하게 하고, 대부대와 소부대가 서로 협력치 못하게 하며, 상급자와 하급자가 서로 지원치 못하게 하고, 지휘관과 병사가 서로 돕지 못하게 하며, 병사들을 흩어지게 하여 다시 모이지 못하게 했으며, 그들이 모여도 부대를 편성치 못하게 했다. 그리고 아군의 이익에 부합되면 움직이고, 아군의 이익에 부합되지 않으면 움직이지 않았던 것이다.

所謂古之善用兵者는 能使敵人으로 前後不相及하며 衆寡不相
소위고지선용병자   능사적인   전후불상급   중과불상

恃하고 貴賤不相救하며 上下不相收하고 卒離而不集하며 兵合
시   귀천불상구   상하불상수   졸리이부집   병합

而不齊니 合於利而動하고 不合於利而止니라.
이부제   합어리이동   불합어리이지

❖

불상급(不相及) : 서로 연락이 닿지 못하게 함.
시(恃) : 믿고 의지함.
귀천(貴賤) : 상급자와 하급자.
부제(不齊) : 정돈치 못하게 함. 편성치 못하게 함.

〈풀이〉

당나라의 실질적인 창업주 진왕 이세민(秦王 李世民)은 정략과 군략에 뛰어난 인물이었다. 그는 싸움에 임해서는 적군이 서로 연락이 닿지 못하게 하고, 대부대와 소부대가 서로 지원치 못하게 했다. 그리고 아군의 이익에 부합되면 움직이고 부합되지 않으면 움직이지 않았던 것이다.

진왕은 낙양의 군벌 왕세충과 하북·산동의 실력자 두건덕을 정벌할 때 이와 같은 군략을 마음껏 구사하였다. 당

시 왕세충은 수양제의 손자 양동(楊侗)을 폐하고 자립하여 정나라를 세웠으며, 두건덕은 우문화급을 토멸한 후 배구를 재상으로 삼아 하나라를 세웠던 것이다. 이렇게 이 두 사람은 천자를 칭하며 천하를 넘보고 있었으나, 이세민의 세력이 강성해짐에 따라 서로 제휴키로 한다. 두건덕은 이세민과 싸우는 왕세충을 돕기 위해 군사를 이끌고 낙양으로 향하였다.

한편 진왕 이세민은 이번 기회에 하남과 하북지방에 군림하고 있는 두 세력을 뿌리채 뽑아내고자 결심한다. 이세민의 군대와 낙양을 지키는 왕세충의 군대는 서로 치열한 공방전을 벌이게 된다. 그러던 어느 날 진왕 이세민이 낙양 북쪽의 북망산에 올라가 지형을 살피고 있을 때였다. 왕세충의 대군이 진왕과 수하의 5백기를 포위하였다. 진왕의 목숨이 위태로운 그 순간 맹장 위지경덕이 적군에 덤벼들어 간신히 포위망에서 벗어난 적도 있었다. 이런 일이 있은 직후 두건덕의 원군이 온다는 소식을 듣고 진왕은 진지에 담벽을 쌓아 일부의 병력으로 왕세충의 군대를 막아내게 한 후, 그는 나머지 병력을 이끌고 두건덕과 결전을 치르기로 한다.

그런데 그 당시 이미 하남지방의 각 고을은 이세민의 군대에게 점령되어 왕세충은 낙양에서 고립된 채 식량 부족에 허덕이고 있었다. 그동안 두건덕이 이끄는 군대는 하북의 명주를 떠나서 사수(汜水)의 동쪽에 이르렀다. 그는 낙양의 왕세충과 연계하여 이세민 군을 고립시킨 후 이를 섬멸코자 했다. 그러나 두건덕의 군대는 식량이 부족한 게 약점이었다. 적의 이런 점을 알고 있는 진왕은 수십일 동안 사수 서쪽의 진지를 지키며 방어에만 치중하였다. 초조해진 두건덕은 서둘러 결전을 치르고자 했다.

그러나 이세민은 이에 응하지 않고 좀더 아군에게 유리한 시기가 오기를 기다렸다. 진왕은 적이 지치고 사기가 저하되자, 드디어 군대를 이끌고 공격에 나선다. 진왕 이세민이 기병을 지휘하여 선두에서 적을 무찌른 후 그 배후를 포위하자 그들은 더 이상 저항하지 못하고 무너졌다. 이에 두건덕은 말에서 떨어진 다음 사로잡히게 된다(사수의 싸움 621년 5월). 진왕은 포로가 된 두건덕을 낙양성 아래로 끌고가 왕세충에게 보인다. 사태가 이렇게 진전되자 왕세충도 더 이상 버티지 못하고 항복하였다.

3

감히 여쭈어 보겠습니다.

「적의 무리가 대열을 정돈하여 쳐들어 오려고 한다면 어떻게 이에 대처해야 합니까?」

「먼저 그들이 아끼는 데를 빼앗으면 이내 아군의 뜻대로 될 것이다.」

군대의 작전은 신속함이 으뜸이다. 따라서 적이 미치지 못함을 틈타 예상치 못한 길로 그 경계하지 않은 데를 치는 것이다.

敢問하되 敵衆整而將來면 待之若何오. 曰 先奪其所愛하면 則
감문   적중정이장래   대지약하   왈 선탈기소애   즉

聽矣니라. 兵之情은 主速이니 乘人之不及하고 由不虞之道하여
청의   병지정   주속   승인지불급   유불우지도

攻其所不戒也라.
공기소불계야

❖

소애(所愛) : 아끼는 것. 소중하게 여기는 것.

병지정(兵之情) : 용병의 실상. 작전의 핵심.

주속(主速) : 신속함이 으뜸임.

불우(不虞) : 예상치 못함.

〈풀이〉

1331년 고다이고 천황(後醍醐天皇)은 호조씨의 가마쿠라 막부를 타도하려는 계획이 누설되자 가사기산(笠置山)으로 도주하였다. 이때 막부의 통치에 반감을 품은 일부의 사원세력과 지방 무사들이 천황을 돕기 위해 궐기한다. 그들 중 지방의 신흥 영주 구스노키 마사시게(楠木正成)는 용병술과 천황에 대한 충성심으로 특히 돋보이는 존재였다. 그는 가사기산으로 쳐들어온 막부의 대군을 소수의 병력으로 20일 동안이나 막아 내었다. 그동안 고다이고 천황은 그곳을 빠져나와 아카사카성(赤坂城)으로 향하였다. 천황은 가는 도중 막부군에 잡혀 교토의 로쿠하라에 감금된다.

또한 마사시게의 군대는 더 이상 대군을 당해낼 수 없어 가와치(河內)의 아카사카 본성과 가사기성에서 농성한다. 마사시게는 막부의 군대가 아카사카 본성으로 가까이 다가올 때까지 기다리고 있다가 돌덩이와 화살을 퍼부어 큰 피해를 입힌다(1332년 2월). 그러나 가사기성을 함락

시킨 막부의 군대가 아카사카 본성을 공략하는 부대와 합세하자, 마사시게는 그들과 훨씬 힘든 싸움을 치르어야 했다. 더구나 막부군은 작전을 바꾸어 성을 포위한 채 마사시게군의 식량이 떨어지길 기다렸다. 이와 같은 대치 상태가 한달 동안 지속되자 원래 군량미를 비축하지 못한 마사시게는 더 이상 지탱할 수 없었다. 그는 곤경에서 벗어날 계략을 생각해 내고 부하들에게 이렇게 말하였다.

「우리는 이제 더 이상 버틸 수가 없다. 그러니 빨리 여기서 빠져나가 다시 적군을 쳐부술 방책을 세워야 한다. 우선 성 안에 굴을 파고 죽은 자의 시신을 넣도록 하라. 그리고 장작을 올려 놓고 바람이 심하게 부는 밤에 불을 질러라. 그러면 적들은 나를 불에 타 죽은 것으로 여길 것이다.」

드디어 바람이 세차게 부는 밤이 왔다. 부하들은 불을 지르고 어둠 속에서 하나 둘 성을 빠져 나갔다. 막부군은 불 탄 성으로 들어와 타 죽은 시신을 보고 마사시게도 죽은 것으로 짐작하였다. 이 아카사카성을 점령한 후 막부는 교토의 로쿠하라에 감금했던 고다이고 천황을 오키섬에 유배시킨다. 이제 새로이 아카사카성의 책임자가 된 막부의 유아사는 일꾼들을 동원하여 성에 식량을 옮겨 나르게 한다.

이와 같은 작업이 있던 어느 날 밤에 성 밖에서 싸움이 벌어졌다. 적이 쳐들어 온 것으로 안 일꾼들은 재빨리 성 안으로 들어갔다. 그런데 이런 와중에 아군으로 알고 있던 한 부대도 슬며시 성 안으로 들어갔다. 그들은 그곳에 들어가자 병사들을 마구 찔러 죽였다. 성 밖에서 대기하고 있던 부대도 이에 호응하여 공격하자 성은 함락되고 만다.

이런 기발한 전술로 성을 점령한 이는 바로 죽은 것으로 알려진 구스노키 마사시게였다. 그는 적들이 밤중에 군량을 운반하는 틈에 부하들을 두 패로 나누어 거짓으로 싸우는 척하며 성으로 들어가게 한 것이다. 아카사카성을 수복한 마사시게는 방어시설을 손질한 후 자신은 나라 근처의 지하야성(千早城)을 지킨다.

이와 같은 마사시게의 활약은 후일 아시카가·닛타의 군대가 가마쿠라에서 호조씨의 막부세력을 멸망시키는 (1333년 5월) 기폭제 구실을 한 셈이다.

4

무릇 적의 영토에 들어가서 싸우게 될 경우에는 깊이 쳐들어가면 아군이 싸움에 전념하게 되어 그 나라의 군대는 이겨내지 못한다. 풍요한 들판을 약탈하면 삼군의 식량이 넉넉해진다. 삼가 군대를 보양하고 피로하지 않도록 하며, 사기를 떨치게 하고 그 힘을 축적한다.

사졸을 움직이고 계략을 씀에 있어서는 남들이 헤아리지 못하게 하고, 군대를 벗어날 수 없는 데로 몰아 넣으면 싸우다 죽는 한이 있어도 달아나지 않는다. 목숨이 위태롭게 되면 어찌 사졸들이 힘을 다하지 않겠는가? 사졸들은 위험한 지경에 빠지게 되면 오히려 두려워 하지 않고, 달아날 데가 없으면 서로 굳게 단결하며, 적지에 깊이 들어가면 얽매어 어쩔 수 없이 싸우게 된다. 그러므로 그 병사는 훈련을 하지 않아도 자신이 알아서 경계하고, 요구하지 않아도 뜻대로 움직이며, 권하지 않아도 서로 친밀해지고, 명령을 내리지 않아도 규율을 지킨다. 길흉에 대한 예언을 금하고 의심과 두려움을 없애면 죽는 한이 있어도 싸움터를 떠나지 않을 것이다.

우리 병사들이 여분의 재물이 없음은 재물을 싫어해서가 아니며, 삶에 집착하지 않음은 오래 살기가 싫어서 그런 게 아니다. 출동 명령이 내리는 날에는 병사들 중에서 앉은 자는 눈물이 옷깃을 적시고, 누운 자는 눈물이 턱 밑으로 흐르게 된다. 그들을 벗어날 수 없는 곳으로 몰아 넣으면 전제(專諸)와 조귀(曹歲)와 같이 용감하게 싸우는 것이다.

凡爲客之道는 深入則專이니 主人不克하고 掠於饒野면 三軍足
범위객지도   심입즉전   주인불극   약어요야   삼군족

食이요 謹養而勿勞면 倂氣積力이니라. 運兵計謀면 爲不可測이
식   근양이물로   병기적력   운병계모   위불가측

요 投之無所往이면 死且不北니 死焉不得士人盡力이리오. 兵士
투지무소왕   사차불배   사언부득사인진력   병사

는 甚陷則不懼하고 無所往則固하며 入深則拘하고 不得已則鬪
심함즉불구   무소왕즉고   입심즉구   부득이즉투

니라. 是故로 其兵이 不修而戒하고 不求而得하며 不約而親하고
시고   기병   불수이계   불구이득   불약이친

不令而信이니 禁祥去疑면 至死無所之니라. 吾士無餘財는 非惡
불령이신   금상거의   지사무소지   오사무여재   비오

貨也오 無餘命은 非惡壽也라. 令發之日에 士卒坐者는 涕霑襟
화야   무여명   비오수야   영발지일   사졸좌자   체점금

하고 偃臥者는 涕交頤하며 投之無所往者는 諸劌之勇也라.
언와자   체교이   투지무소왕자   제귀지용야

❖

위객(爲客) : 나그네가 됨. 침략자가 되어 적의 영토에 쳐들어간
다는 뜻.

도(道) : 도리. 방법.

전(專) : 싸우는 일에만 마음을 씀.

주인(主人) : 침략을 당하는 사람을 뜻함.

극(克) : 이겨내다.

약어요야(掠於饒野) : 적의 풍요로운 들판에서 약탈함. 물자를 현
지에서 조달한다는 뜻임.

족식(足食) : 식량이 넉넉함.

병기(倂氣) : 사기를 아우르다. 사기가 오름.

적력(積力) : 전투를 해낼 수 있는 힘을 축적함.

운병(運兵) : 병사를 움직임.

위불가측(爲不可測) : 남들이 그 꾀하는 바를 헤아리지 못하게
함.

불배(不北) : 달아나지 않음.

언부득(焉不得) : 어찌…… 하지 않겠는가?

심함(甚陷) : 매우 위험한 지경에 빠짐.

구(懼) : 두려워함.

득(得) : 뜻대로 움직임.

금상(禁祥) : 길흉에 대한 예언을 금지함.

오화(惡貨) : 재물을 싫어함.

무여명(無餘命) : 목숨을 아끼지 않음.

오수(惡壽) : 오래 살기를 싫어함.

체(涕) : 눈물.

점(霑) : 젖다, 적시다.

금(襟) : 옷깃.

언와자(偃臥者) : 누운 사람.

체교이(涕交頤) : 눈물이 턱 밑까지 흘러내림.

투(投) : 몰아 넣음. 투입함.

무소왕(無所往) : 목숨을 걸고 싸우는 외에는 달리 취할 방도가
　　　　없음.

제귀(諸劌) : 전제(專諸)와 조귀(曹劌). 전자는 오(吳)나라 임금
　　　　요(僚)를 죽이고(B.C. 515년), 후자는 제나라 환공을 위협하
　　　　여 노나라의 빼앗긴 땅을 도로 찾음(681년 B.C.).

〈풀이〉

사졸들을 달아날 수 없는 장소에 몰아 넣고 결사적으로
싸우게 하여 승리한 예로 한신의 정형구(井陘口)전투를
들 수 있다.

당시 조나라 임금과 성안군 진여(成安君 陳餘)는 한나라
군사를 막기 위해 정형구에 20만 대군으로 진을 쳤다. 작
전회의에서 광무군 이좌거(廣武君 李左車)가 이렇게 말했
다.

「한나라 장수 한신은 장이와 함께 조나라를 정복하려고
합니다. 한신은 위나라 임금을 사로잡고 알여를 피바다로
만든 여세를 몰아 쳐들어 오는 지라 그 예봉을 꺾기가 힘
듭니다. 제가 듣기로는 천리 먼 곳에서 군량을 실어 보내
게 되면 운반이 어려워 병사들이 굶주리게 되고, 풀을 베
어 밥을 짓게 되면 막사에서 배불리 먹을 수 없다고 했습
니다. 원래 정형으로 통하는 길이 좁아 수레 두 대가 나란
히 지나갈 수 없는 실정입니다. 그러니 물자 수송에 어려
움이 따를 수밖에 없습니다. 저에게 3만의 병사를 주시면
사잇길로 나아가 적의 물자 보급을 차단시키겠습니다. 그
동안 장군께서는 도랑을 깊이 파고 벽을 높이여 지키기만
하고 적군과 싸우지는 마십시오. 이렇게 하면 적군은 나아
가 싸울 수도 없고 뒤로 물러갈 수도 없는 처지가 됩니다.

제가 그들의 뒤를 차단하고, 약탈을 허용치 않으면 열흘이
못 되어 한신과 장이의 목을 벨 수 있습니다.」

　성안군은 본시 고지식한 선비였다. 따라서 계략을 싫어
했던 그는 이렇게 말했다.

　「지금 한신의 군대는 수만이라고 일컬어지고 있지만 사
실은 수천 명에 지나지 않소. 더구나 그들은 먼 곳에서 방
금 쳐들어 왔으므로 지쳐 있을 게 틀림없소. 이런 적을 정
면으로 맞아 싸우지 않는다면 큰 적을 만나게 되었을 때
어찌 당해 낼 수 있겠소.」

　성안군 진여는 광무군 이좌거의 계략을 쓰지 않았다. 첩
자가 이 사실을 보고하자 한신은 회심의 미소를 지으며
사졸들을 이끌고 정형구에서 30리쯤 떨어진 곳에 진을 쳤
다. 그날 밤 한신은 전군에 출동 명령을 내리며 기병 2천
에게는 붉은 기를 주어 산 속에 숨어 있도록 하고 또한 이
렇게 명했다.

　「조나라 군사들은 아군이 패하여 달아나면 반드시 진지
를 비운 채 추격해 올 것이다. 너희들은 그때 조나라의 텅
빈 진지로 들어가 그들의 깃발을 뽑아내고 우리 깃발을
세우도록 하라.」

　그리고 나서 한신은 1만 명을 먼저 떠나게 하여 강을
등진 채 진을 치도록 하였다. 조나라 사졸들은 이를 바라
보며 크게 웃었다.

　동틀 무렵 한신의 본대는 깃발을 세우고 북을 치면서
정형구를 나섰다. 조나라 군대가 나와서 이들과 치열한 접
전을 벌였다. 한신과 장이는 거짓으로 패한 체하며 깃발을
버리고 강가의 진지로 달아났다. 조나라 군사들은 진지를

비운 채 한나라 군대를 뒤쫓아 왔다.

강기슭에 이른 한나라 군대는 앞서 배수진을 친 아군과 합세하여 조나라 군대에 반격을 가했다. 한편 한신이 숨겨 둔 2천 명의 기습부대는 조나라 군대의 텅빈 진지로 들어 가 한나라 깃발을 꽂았다. 조나라 군사들은 목숨을 내놓고 싸우는 한나라 군사들을 이겨내지 못한 채 진지로 돌아가 려고 했다. 그러나 그곳에는 한나라의 깃발이 펄럭이고 있 었다. 이에 그들은 이미 한나라 군대가 조나라 장수들을 모조리 생포한 것으로 알고 앞을 다투어 달아났다. 이리하 여 한나라 군사들은 조나라 군사들을 양쪽에서 쳐서 크게 무찔렀다(B.C. 204년).

이 싸움에서 조나라 임금은 포로가 되고 성안군 진여는 저수 부근에서 죽음을 당한다. 한신은 사로잡힌 광무군 이 좌거를 극진히 대접하며 스승으로 모셨다. 승리를 축하하 는 자리에서 장수들이 한신에게 물었다.

「장군께서는 병법과는 달리 강물을 등지고 진을 치게 하여 승리하셨습니다. 저희들은 이를 이해할 수가 없습니 다.」

한신이 대답하였다.

「이런 전법도 병법에 있다. 병법에 죽을 곳에 몰아 넣은 후에야 살게 된다고 했다. 사실 군사들은 위태로운 장소에 놓아두어야 스스로 살기 위해 악착스레 싸우게 된다. 그들 을 살 수 있는 곳으로 투입하면 모두 달아나게 될 것이 다.」

모든 장수들이 그의 말을 듣고 진심으로 따르게 된다.

5

그러므로 용병에 뛰어난 이는, 비유컨대 솔연(率然)과 같다. 솔연은 상산(常山)의 뱀이다. 그 머리를 치면 꼬리가 덤비고, 그 꼬리를 때리면 머리로 달려들며, 그 허리를 치면 머리와 꼬리로 한꺼번에 덤벼드는 것이다.

감히 여쭈어 보건대 사졸들을 솔연처럼 부릴 수가 있습니까? 물론 할 수 있다. 오나라 사람과 월나라 사람은 본시 서로 미워하는 사이이다. 그러나 그들이 함께 배를 타고 강을 건너다가 폭풍우를 만나면 서로 돕기를 좌우의 손처럼 할 것이다.

故로 善用兵者는 譬如率然하니라. 率然者는 常山之蛇也니 擊
고   선용병자   비여솔연   솔연자   상산지사야   격

其首則尾至하고 擊其尾則首至하며 擊其中則首尾俱至니라. 敢
기수즉미지   격기미즉수지   격기중즉수미구지   감

問하되 兵을 可使如率然乎아. 曰 可니라. 夫吳人與越人은 相惡
문   병   가사여솔연호   왈 가   부오인여월인   상오

也나 當其同舟而濟에 遇風이면 其相救也는 如左右手하니라.
야   당기동주이제   우풍   기상구야   여좌우수

❖

솔연(率然) : 재빨리, 갑자기. 본문에서는 뱀을 뜻함.
상산(常山) : 산의 이름. 절강성(浙江省) 상산현(常山縣)동쪽에 있음.

〈풀이〉

오나라 사람과 월나라 사람들은 대를 이어가며 싸워 서

로 적개심이 강하였다. 그러나 이들도 만약 한 배를 타고 가다가 풍랑을 만나게 되면 서로 도울게 틀림이 없다. 적지에 투입된 군대도 위급한 처지에 놓이게 되면 단결하여 목숨을 걸고 싸우는 것이다. 이런 군대는 기대 이상의 전투력을 발휘할 수도 있다. 장수된 이는 이와 같은 인간의 심리를 용병에 활용할 줄 알아야 한다.

6

따라서 말을 나란히 매어 놓거나 수레의 바퀴를 묻어 놓아도 믿을게 못 된다. 모든 사졸들을 하나같이 용감하게 만드는 것은 통솔하는 방법에 달렸다. 또한 강한 자와 약한 자를 한결같이 부릴 수 있음은 지형의 이치를 활용하기 때문이다. 그러므로 용병에 능한 이가 한 사람의 손을 이끌듯이 군대를 움직임은 그렇게 할 수밖에 없도록 조처하기 때문이다.

是故로 方馬埋輪이 未足恃也오 齊勇若一이 政之道也오 剛柔
시고   방마매륜   미족시야   제용약일   정지도야   강유

皆得이 地之理也니라. 故로 善用兵者는 携手若使一人이 不得
개득   지지리야   고   선용병자   휴수약사일인   부득

已也라.
이야

방마(方馬) : 말을 나란히 매어 놓음.
매륜(埋輪) : 수레바퀴를 흙 속에 묻는 것.
시(恃) : 믿다. 의지하다.

제용약일(齊勇若一) : 모든 사졸들을 하나같이 용감하게 만드는 것.

부득이(不得已) : 마지 못하여, 하는 수 없이.

⟨풀이⟩

군대도 사람의 모임인지라 용감한 자도 있고 겁 많은 자도 있게 마련이다. 이런 사람들을 마치 한 사람의 손을 이끌듯이 통솔한다는 것은 결코 쉬운 일이 아니다. 명장은 지세의 이점을 잘 활용하며, 사졸들을 목숨을 걸고 싸울 수밖에 없는 상황에 몰아 넣어 완벽한 승리를 거두는 것이다.

7

장수는 조용하고 바르게 일을 처리해야 한다. 그는 사졸의 귀와 눈을 어리석게 만들어 아는 게 없도록 하고, 그 일을 바꾸고 계략을 고치되 남들이 알지 못하게 하며, 주둔지를 옮기고 길을 멀리 돌아가되 남들이 미처 깨닫지 못하게 해야 한다.

장수가 사졸들과 더불어 작전을 할 때는 그들을 높은 곳에 올려 놓고서 사닥다리를 치우듯이 해야 한다. 또한 장수가 사졸들과 더불어 제후의 땅에 깊이 쳐들어 갔을 때는 쇠뇌를 쏘듯이 신속히 움직여야 한다.

그는 마치 양떼를 모는 것처럼 몰고 왔다가 몰고 가지만 사졸들은 그 가는 데를 알지 못하는 것이다. 삼군의 무리를 모아 험한 곳으로 몰아 넣는 게 바로 장수가 해야 할

일이다. 그는 아홉 가지 지형의 변화와 물러감과 나아감의
득실과 상황에 따른 인간 심리의 변화 등을 제대로 살피
지 않으면 아니되는 것이다.

將軍之事는 靜以幽하고 正以治니 能愚士卒之耳目하여 使之無
장군지사　　　정이유　　　정이치　능우사졸지이목　　사지무

知하여 易其事하고 革其謀하되 使人無識하며 易其居하고 迂其
지　　역기사　　혁기모　　사인무식　　　역기거　　우기

途하되 使人不得慮니라. 帥與之期에 如登高而去其梯하고 帥與
도　　사인부득려　　수여지기　　여등고이거기제　　수여

之深入諸侯之地면 而發其機하나니 若驅群羊하여 驅而往하고
지심입제후지지　이발기기　　약구군양　　구이왕

驅而來하되 莫知所之니라. 聚三軍之衆하여 投之於險이 此將軍
구이래　　막지소지　　취삼군지중　　투지어험　차장군

之事也니 九地之變과 屈伸之利와 人情之理를 不可不察也라.
지사야　구지지변　굴신지리　인정지리　불가불찰야

역기거(易其居) : 주둔지를 옮김.

우기도(迂其途) : 길을 멀리 돌아감.

사인부득려(使人不得慮) : 남들로 하여금 헤아리지 못하게 함.

여지기(與之期) : 사졸들과 함께 기약함. 사졸들과 함께 작전을
　　개시한다는 뜻.

제(梯) : 사닥다리.

발기기(發其機) : 쇠뇌를 발사함.

구군양(驅群羊) : 양떼를 몰다.

취(聚) : 모으다.

굴신지리(屈伸之利) : 물러감과 나아감의 이점. 후퇴와 진격의 득
　　실.

인정지리(人情之理) : 사람의 심리.

〈풀이〉

아무리 완벽한 작전 계획이라 하더라도 사전에 누설된
다면 큰 일을 그르칠 수밖에 없다. 따라서 장수된 이는 이
의 보안 유지에 남다른 수완을 지녀야 한다. 또한 그는 사
졸들을 도주할 수 없는 곳으로 몰아 넣은 후 결사적으로
싸우도록 유도하며, 신속하고 과감한 용병술로 적군을 제
압하는 것이다. 장수는 늘 지형에 대한 정확한 지식과 진
격과 후퇴에 따르는 이익과 손실 그리고 인간 심리에 대
해 예리한 통찰력을 지녀야 할 것이다.

8

무릇 남의 나라에 침입할 경우, 깊숙이 들어가면 사졸들
이 단결하고, 얕게 들어가면 그들의 마음이 흩어진다. 자
기 나라를 떠나 국경을 넘어서 원정함은 곧 절지(絕地)에
놓이는 것을 뜻함이요, 사방으로 통하는 곳은 구지(衢地)
가 된다. 적지로 깊이 들어가면 중지(重地)요, 얕게 들어
가면 경지(輕地)가 된다. 험고한 데를 등지고 앞이 좁은
곳은 위지(圍地)요, 도망할 길이 없으면 사지(死地)가 된
다. 따라서 산지(散地)에서는 사졸들의 마음을 하나로 뭉
치도록 하고, 경지(輕地)에서는 아군끼리 연락을 긴밀히
하여야 한다. 쟁지(爭地)에서는 적의 배후로 달려가 공격
하고, 교지(交地)에서는 수비에 허점이 없도록 한다. 구지
(衢地)에서는   제 3국과의 결속을 공고히 하고, 중지(重
地)에서는 군량 보급이 이어지도록 한다. 비지(圮地)에서

는 행군을 재촉하며, 위지(圍地)에서는 도주할 틈을 막아야 한다. 또한 사지(死地)에서는 사졸들에게 살 수 없음을 보이고 결사적으로 싸우게 해야 한다. 사졸들의 심리는 포위를 당하면 방어에 전력을 다하게 되고, 어쩔 수가 없게 되면 목숨을 걸고 싸우며, 위기에 몰리게 되면 명령을 따르는 것이다.

凡爲客之道는 深則專하고 淺則散이니 去國越境而師者는 絶地
범 위 객 지 도   심 즉 전   천 즉 산   거 국 월 경 이 사 자   절 지

也오 四達者는 衢地也오 入深者는 重地也오 入淺者는 輕地也
야   사 달 자   구 지 야   입 심 자   중 지 야   입 천 자   경 지 야

오 背固前隘者는 圍地也오 無所往者는 死地也니라. 是故로 散
  배 고 전 애 자   위 지 야   무 소 왕 자   사 지 야   시 고   산

地에는 吾將一其志하고 輕地에는 吾將使之屬하며 爭地에는 吾
지   오 장 일 기 지   경 지   오 장 사 지 촉   쟁 지   오

將趨其後하고 交地에는 吾將謹其守하며 衢地에는 吾將固其結
장 추 기 후   교 지   오 장 근 기 수   구 지   오 장 고 기 결

하고 重地에는 吾將繼其食하며 圮地에는 吾將進其途하고 圍地
     중 지   오 장 계 기 식   비 지   오 장 진 기 도   위 지

에는 吾將塞其闕하며 死地에는 吾將示之以不活하나니 故로 兵
     오 장 색 기 궐   사 지   오 장 시 지 이 불 활   고   병

之情은 圍則禦하고 不得已則鬪하며 過則從이니라.
지 정   위 즉 어   부 득 이 즉 투   과 즉 종

❖

위객(爲客) : 손님이 됨. 고국을 떠나 남의 나라로 쳐들어 가는
　　군대를 뜻함.
사(師) : 군대. 전쟁.
사달(四達) : 어느 방향으로나 통함.
배고(背固) : 험하고 견고한 데를 등짐.

전애(前隘) : 전방이 좁은 길임.

일기지(一其志) : 사졸들의 마음을 하나로 뭉치게 함.

사지촉(使之屬) : 아군끼리 연락을 긴밀히 함.

추기후(趨其後) : 적의 배후로 돌아가 갑자기 들이침.

근기수(謹其守) : 수비에 허점이 없도록 애씀.

고기결(固其結) : 제3국과의 외교관계를 돈독히 함.

계기식(繼其食) : 군량 보급이 이어지도록 함.

진기도(進其途) : 빨리 지나감. 행군을 재촉함.

색기궐(塞其闕) : 적군이 튀어 놓은 퇴로를 막아 아군이 달아나
  지 못하게 한 후 용감하게 싸우도록 함.

시지이불활(示之以不活) : 목숨을 버릴 각오를 보임.

병지정(兵之情) : 사졸들의 심리.

과즉종(過則從) : 위기에 몰리게 되면 장수의 명령에 복종함.

〈풀이〉

고국을 떠난 원정군은 지형의 변화에 의해 싸우고자 하
는 의욕도 달라지게 마련이다. 예컨대 적지에 얕게 침입한
군대는 고향 생각에 정신이 산만해지고, 깊이 침투하게 되
면 어쩔 수 없이 싸움에만 전념하는 것이다.

또한 수비에 치중할 경우와 기습을 해야 될 때도 있다.
따라서 장수는 지형의 변화에 따라 작전을 달리해야 한다.
그리고 아군이 적에게 포위를 당할 경우, 퇴로를 막고 결
사적으로 싸우게 하는 것이다. 목숨을 내놓고 싸우는 병사
는 그만큼 강력한 전투력을 발휘할 수가 있다. 장수된 이
는 어떠한 지형과 상황에서도 자유자재로 용병의 묘를 살
리는 능력을 지녀야 할 것이다.

9

따라서 제후의 계략을 알지 못하는 자는 미리 외교 관계를 맺을 수 없다. 산림, 험준한 곳, 늪과 못의 지형을 알지 못하는 자는 사졸들을 행군시킬 수 없다. 그 고장 사람을 길잡이로 쓰지 않는 자는 지형의 이로움을 얻을 수 없다. 이 아홉 가지 가운데 하나만 몰라도 패왕의 군대가 될 수 없다.

무릇 패왕의 군대가 대국을 치게 되면 그 나라는 미처 사졸들을 집결시키지 못하고, 적에게 위압을 가하면 그 나라는 다른 나라의 도움을 받을 수 없게 된다. 그러므로 이 편은 다른 나라와의 외교적 결속에 신경을 쓰지도 않으며, 천하의 패권을 차지하려고 다투지 않으면서 자기의 힘만으로 적에게 위압을 가하는 것이다. 따라서 적의 성을 함락시킬 수 있고 그 나라를 무너뜨릴 수 있는 것이다. 싸움에 임하여서는 법에도 없는 상을 내리고, 정령에도 없는 명령을 내려서 전군을 움직이기를 마치 한 사람을 부리듯한다. 사졸들은 일로써 움직이게 하고 말로써 알려서는 아니된다. 이로움은 알리되 해로움은 알려서는 아니된다. 그들은 멸망의 땅에 몰아 넣은 다음에야 존재하게 되고, 죽음의 땅에 빠뜨린 후에야 살아날 수 있다. 무릇 사졸들은 극한 상황에 빠진 후에야 능히 승부를 가리는 것이다.

是故로 不知諸侯之謀者는 不能預交하고 不知山林險阻沮澤之
시고   부지제후지모자   불능예교   부지산림험조저택지

形者는 不能行軍하며 不用鄕導者는 不能得地利니라. 四五者에
형자　　불능행군　　　불용향도자　　불능득지리　　　　사오자

不知一이면 非霸王之兵也니 夫霸王之兵은 伐大國하면 則其衆
부지일　　비패왕지병야　　부패왕지병　　벌대국　　　즉기중

不得聚하고 威加於敵하면 則其交不得合하나니라. 是故로 不爭
부득취　　위가어적　　　즉기교부득합　　　　　　시고　　부쟁

天下之交하고 不養天下之權하며 信己之私하여 威加於敵이니
천하지교　　　불양천하지권　　　신기지사　　　위가어적

故로 其城을 可拔하고 其國을 可墮니라. 施無法之賞하고 懸無
고　기성　가발　　　기국　가타　　　시무법지상　　　현무

政之令이면 犯三軍之衆을 若使一人이요 犯之以事하고 勿告以
정지령　　범삼군지중　　약사일인　　　범지이사　　　물고이

言하며 犯之以利하고 勿告以害라. 投之亡地然後에 存하고 陷之
언　　범지이리　　　물고이해　　투지망지연후　　존　　　함지

死地然後에 生이니 夫衆陷於害然後에 能爲勝敗니라.
사지연후　　생　　　부중함어해연후　　능위승패

예교(預交) : 미리 외교 관계를 맺음.

향도(鄕導) : 그 지역의 길 안내인.

사오(四五) : 구지(九地)를 뜻함.

패왕(霸王) : 천하를 군사력으로 제패한 임금. 제후들의 우두머리.

부득취(不得聚) : 집결시키지 못함.

부득합(不得合) : 힘을 합하지 못함.

신기지사(信己之私) : 자기의 실력만을 믿음.

가발(可拔) : 함락시킬 수 있음.

시(施) : 베풀다. 주다.

현무정지령(懸無政之令) : 정령(政令)에도 없는 명령을 내림.

범(犯) : 움직이다. 일으키다.

물고이해(勿告以害) : 작전의 불리한 점은 알려서는 아니됨.

위승패(爲勝敗) : 승패를 결함.

〈풀이〉

A.D. 232년 요동태수 공손연은 손권에게 사자를 보내어 오나라를 섬길 것을 맹세한다. 이전부터 요동지방에 세력을 잡고 있던 그는 오나라와 힘을 합쳐 위나라를 견제하고자 한 것이다. 오나라 신하들은 공손연을 신임할 만한 위인이 아니라는 이유로 이 제안에 반대하였다. 그러나 손권은 그들의 반대를 무릅쓰고 요동에 사신과 푸짐한 선물을 보냈다. 결국 세력이 약한 공손연은 위나라와의 맞대결을 꺼려 손권이 보낸 사자를 목 베고 자기에게 딴 뜻이 없음을 알린다. 그러나 위나라는 원정군을 보내어 그를 토멸하였다(238년).

당시 3국이 정립하던 때이지만 위나라는 천하의 7·8할을 장악한 강대국이었다. 이런 나라는 외교나 동맹 관계에 의존하지 않고 자기의 실력만으로 능히 적을 제압하거나 멸망시킬 수 있는 것이다.

10

그러므로 용병이란 적의 꾀하는 바를 자세히 알아내어 막상 적과 맞서게 되면, 천리 밖에 있는 적장도 능히 죽일 수 있어야 한다. 이를 교묘히 성취하는 일이라고 말하는 것이다. 따라서 선전 포고를 하는 날에는 국경의 관문을 막고 통행증을 폐기하여 사절의 왕래를 중지시키며, 조정에서는 중신들에게 각기 맡은 일에 책임을 지운다. 만약 적의 동정에 틈이 보이면 재빨리 첩자를 들여보내 먼저 요인이 아끼는 자와 만나 밀약을 맺게 한다. 그리고 정해진 계획을 실천하면서 적의 움직임에 따라 작전을 행한다. 그러므로 처음에는 얌전한 처녀처럼 보여 적이 마음 놓고 문을 열면, 나중에는 달아나는 토끼처럼 재빨리 달려나가 적이 미처 막아낼 겨를을 주지 않는 것이다.

故로 爲兵之事는 在順詳敵之意하니 幷敵一向하여 千里殺將이
고   위병지사   재순상적지의   병적일향   천리살장

是謂巧能成事니라. 是故로 政擧之日에 夷關折符하여 無通其使
시위교능성사   시고   정거지일   이관절부   무통기사

하고 厲於廊廟之上하여 以誅其事하나니라. 敵人開闔이면 必亟入
     여어랑묘지상   이주기사   적인개합   필극입

之하여 先其所愛하고 微與之期하며 踐墨隨敵하여 以決戰事니 是
지   선기소애   미여지기   천묵수적   이결전사   시

故로 始如處女하고 敵人開戶면 後如脫兔하여 敵不及拒니라.
고   시여처녀   적인개호   후여탈토   적불급거

❖

순상(順詳) : 적의 의도를 상세하게 파악함.

정거지일(政擧之日) : 조정에서 선전 포고를 하는 날.

이관(夷關) : 관문을 막음.

절부(折符) : 관문 통과를 허락하는 부절을 폐기함.

낭묘(廊廟) : 조정.

주기사(誅其事) : 각자가 맡은 일에 책임을 지게 함.

극입지(亟入之) : 재빨리 첩자를 적지에 들여보냄.

천묵(踐墨) : 먹줄로 그린 선처럼 정해진 계획을 실행함.

탈토(脫兔) : 달아나는 토끼처럼 재빨리 적에게 기습을 가한다는 뜻.

불급거(不及拒) : 항거할 겨를을 주지 않음.

〈풀이〉

근대적인 총력전의 개념이 없었던 옛날에도 전시에는 온 나라를 동원 체제로 이끌어야만 승리할 수 있었다. 그러므로 선전 포고를 하는 날에는 관문을 폐쇄하고 사절의 왕래를 막아 보안을 유지하며, 조정 대신들에게는 적절한 업무를 맡겨 책임을 지운다. 또한 적의 요인의 측근에는 우리의 첩자를 침투시켜 고급 정보를 빼내고, 허위 정보를 흘려 적이 그릇된 판단을 하도록 유도한다. 유능한 장수는 우리 측을 겁 많고 무능한 존재로 보이게 해 적을 안심시킨 후, 결정적인 순간이 오면 단 한 번의 기습으로 이를 섬멸하는 것이다.

12. 화공편(火攻篇)

불로써 적군을 공격하려면 지형과 날씨와 바람의 방향을 자세히 살펴야 한다. 또한 물로써 적의 병참선을 차단하고 고립시킬 수 있으나 모든 것을 잿더미로 만드는 화공만큼 파괴적이지는 못 하다. 그리고 임금은 노여움 때문에 선전 포고를 해서는 아니되며 장수는 성이 난다고 해서 전투해 서는 아니된다. 전쟁으로 인하여 망한 나라는 다시 일어설 수 없고 빼앗긴 목숨은 다시 살릴 수 없기 때문이다.

1

손자가 말하였다.

무릇 불에 의한 공격에는 다섯 가지 방법이 있다. 첫째, 사람을 불태우는 것이다. 둘째, 적이 쌓아둔 것을 불사르 는 것이다. 셋째, 적의 수송 차량을 불태우는 것이다. 넷 째, 적의 창고를 불사르는 것이다. 다섯째, 부대나 진영을 불태우는 것이다.

불을 사용하는 데에는 반드시 일정한 조건이 있고, 불을 붙이는 장비는 반드시 평소에 갖추어야 한다. 불을 놓는 데는 적절한 때가 있고, 불이 일어나는 데는 적절한 날이 있다. 적절한 때란 날씨가 건조한 때를 말함이요, 적절한 날은 달이 기(箕), 벽(壁), 익(翼), 진(軫)에 있는 날을 뜻한다. 무릇 이 네 별자리의 날은 바람이 일어난다.

孫子曰 凡火攻에 有五하니 一曰火人이오 二曰火積이오 三曰火
손자왈 범화공 유오 일왈화인 이왈화적 삼왈화

輜오 四曰火庫요 五曰火隊니라. 行火에 必有因하고 煙火에 必
치 사왈화고 오왈화대 행화 필유인 연화 필

素具하며 發火에 有時하고 起火에 有日하나니 時者는 天之燥也
소구 발화 유시 기화 유일 시자 천지조야

오 日者는 月在箕壁翼軫也니 凡此四宿者는 風起之日也라.
일자 월재기벽익진야 범차사수자 풍기지일야

❖

화적(火積) : 적이 쌓아둔 군수 물자를 불사르는 것.

치(輜) : 군수품을 실어나르는 짐수레나 그 수송부대를 뜻함.

고(庫) : 창고.

대(隊) : 진영. 부대.

연화(煙火) : 불을 피울 때 쓰는 재료. 불쏘시개.

필소구(必素具) : 반드시 평소에 갖추어야 함.

기벽익진(箕壁翼軫) : 이십팔수(二十八宿)중의 네 별자리. 달이
  이 별자리에 있을 때 바람이 인다고 함.

〈풀이〉

불로써 적의 대군을 섬멸한 예로는 적벽대전(208년 10
월)을 들 수 있겠다. 당시 조조는 83만 대군(사실은 24·5
만 내외)을 이끌고 패주하는 유비군을 추격하고 있었다.
위기에 몰린 유비는 제갈량을 오나라에 사절로 보내어 손
권과 동맹을 맺는다. 손권은 조조와의 운명적인 결전을 앞
두고 주유를 총사령관으로 기용하였다. 싸움에 앞서 부장
황개가 주유에게 계책을 말한다.

「지금 아군은 적군에 비해 숫적으로 너무나 열세입니다. 따라서 지구전을 치른다면 불리합니다. 조조의 함선은 머리와 꼬리가 서로 이어져 있습니다. 불로써 이를 공격한다면 무찌를 수 있습니다.」

황개는 조조에게 항복한다는 서신을 보낸 후, 열 척의 배에 마른 나무와 기름을 싣고 나아갔다. 조조의 대군은 이들의 항복을 의심치 않고 바라보았다. 그러나 황개의 배들은 가까이 오면서 불을 놓아 조조의 함선으로 돌진하였다. 바로 이 순간 하늘도 오나라를 돕는 듯 동남풍이 거세게 불었다. 불은 조조의 선단으로 옮겨 붙어 이내 아수라장이 되고 만다. 배에 타고 있던 병사와 말들이 한꺼번에 타 죽고 물에 빠지는 혼란이 일어난 것이다. 주유의 본대가 이 기회를 놓치지 않고 거세게 몰아 부치자, 조조의 대군은 마침내 크게 패하고 만다. 적의 화공으로 인해 남정에 실패한 조조는 조인과 서황에게 강릉을 맡기고 자신은 북의 본거지로 돌아갔다.

또한 형주를 지키던 관우가 여몽의 계략에 말려들어 패사하자, 그 원한을 갚기 위해 쳐들어 온 유비의 군대(4만 명)를 무찌른 것도 오나라 육손의 화공이었다. 육손은 무협·건평에서 이릉까지 150여리에 걸쳐 진을 친 유비군에 대해 방어에만 치중하며, 때가 오기를 기다렸다.

봄이 가고 여름이 오자 유비의 군대도 기세가 꺾이고 해이해지기 시작했다. 드디어 총사령관 육손은 예하부대에 공격 명령을 내린다. 그는 병사마다 띠 한 묶음을 지니고 촉의 진영(40군데)을 일시에 불태우게 했다. 뜻밖에 기습을 당한 유비군은 변변히 싸워보지도 못한 채 무너지고 만다(이릉전투 222년 윤 6월).

2

　화공은 반드시 다섯 가지 불의 변화에 따라 알맞게 대
처해야 한다. 첫째, 불이 적의 진영 안에서 일어나면 즉시
박에서 이에 호응해야 한다. 둘째, 불이 나도 적의 진영이
조용하면 기다리고 있다가 불길이 사나워졌을 때 공격 여
부를 결정한다. 셋째, 적진 박에서 불을 지를 수 있다면
적진 안에서 불이 일어나기를 기다리지 말고 제때에 질러
야 한다. 넷째, 바람이 불어오는 쪽에서 불이 일어날 때에
는 바람맞이에서 공격해서는 아니된다. 다섯째, 낮에 바람
이 오래 불면 밤에는 바람이 그치게 된다. 무릇 군대는 반
드시 다섯 가지 불의 변화를 파악하고, 이를 술수(術數)로
하여 스스로를 지켜야 한다.

凡火攻이 必因五火之變하여 而應之니 火發於內면 則早應之於
범화공　필인오화지변　　　이응지　화발어내　즉조응지어

外하고 火發而其兵靜者면 待而勿攻하고 極其火力에 可從而從
외　　화발이기병정자　대이물공　　극기화력　가종이종

之하고 不可從而止니라. 火可發於外면 無待於內하고 以時發之
지　　불가종이지　　　화가발어외　무대어내　　이시발지

하되 火發上風이면 無攻下風하고 晝風久면 夜風止니 凡軍은 必
화발상풍　무공하풍　주풍구　야풍지　범군　필

知五火之變하여 以數守之하나니라.
지오화지변　　이수수지

❖

극기화력(極其火力) : 그 화력이 가장 왕성할 때.

종(從) : 불길에 따라 공격함.

수(數) : 술계(術計). 술수(術數).

〈풀이〉

무기가 발달하기 이전에는 불의 파괴력을 직접 전투에 이용하는 경우가 많았다. 그만큼 옛날 전투에서는 화공이 위력을 떨친 것이다. 그러나 불도 여느 무기처럼 피아가 다같이 이용할 수 있다. 따라서 손자는 화공과 아울러 적의 그것에 대비하는 요령에 관해서도 언급하였다.

3

그러므로 불로써 공격을 도우려면 슬기로워야 하고, 물로써 공격을 도우려면 강인해야 한다. 수공으로는 적을 차단할 수는 있지만 빼앗을 수는 없다.

故로 以火佐攻者는 明하고 以水佐攻者는 强하나니 水可以絶이
고   이화좌공자   명   이수좌공자   강   수가이절

오 不可以奪이니라.
  불가이탈

❖

좌공(佐攻) : 공격을 도움. 공격을 보조함.

명(明) : 총명함.

강(强) : 강인함.

절(絶) : 차단함. 가로막음.

탈(奪) : 빼앗음. 탈취함.

〈풀이〉

물을 공격의 보조수단으로 삼으면 적을 고립시키고 병참선을 차단할 수 있다. 물을 잘 다룬 장수로는 촉한의 관우와 일본의 풍신수길을 들 수 있겠다. 전자는 번성(호북성 양양현)의 북쪽에 주둔한 위나라 우금과 방덕의 군대를 수공으로 무찔렀다(219년 8월). 결국 우금은 포로가 되고 방덕은 굴복하지 않아 참수 당하였다.

또한 후자는 빗츄의 타카마쓰성(高松城)을 공략할 때 근처의 아시모리강(足守川)에 둑을 쌓은 후 이를 터뜨려 적군을 고립과 공포에 사로잡히게 했다(1582년 5월). 그러나 수공전법은 위력면에서 화공전법에 뒤지는 감이 없지 않다. 화공은 적이 가지고 있는 모든 것을 잿더미로 만들어 그들을 재기불능의 상황에 빠지게 한다.

4

무릇 싸워서 이기고 공격하여 빼앗아도 그 공로를 닦지 아니하면 흉하다. 이를 가리켜 비류(費留)라고 한다. 따라서 슬기로운 임금은 이를 깊이 생각하고, 훌륭한 장수는 이를 잘 닦는다. 그래서 유리하지 않으면 움직이지 않고 얻는 바가 없으면 병력을 사용치 않으며 위태롭지 않으면 싸우지 않는다.

夫戰勝攻取라도 而不修其功者는 凶하니 命曰費留라 故로 明主
부전승공취　　이불수기공자　흉　　　명왈비류　고　명주

는 慮之하고 良將은 修之니 非利不動하고 非得不用하며 非危不
여지　　양장　수지　비리부동　　비득불용　　비위부

戰이니라.
전

❖

공취(攻取): 적의 거점을 쳐서 탈취함.
비류(費留): 물자를 낭비하고 사졸들을 싸움터에 남겨둠.

〈풀이〉

통치권자는 장병들이 싸움터에서 세운 공로에 대해 적절히 포상하는 도량과 슬기를 지녀야 한다. 만일 이 문제를 소홀히 다룬다면 그들의 사기가 저상되고 이탈할 수도 있을 것이다. 또한 그는 국가에 얻는 바가 없으면 싸우지 말아야 하고 그 존립이 위협 당하지 않는 한 선전포고를 해서는 아니된다. 왜냐하면 군국주의적 성향으로 치닫는 나라는 표면적인 성공에도 불구하고 결국은 스스로의 무덤을 파게 되는 것이다.

5

군주는 노여움 때문에 군사를 일으켜서는 아니되며, 장수는 성이 난다고 전투를 해서는 아니된다. 이득에 맞으면 행동하고 이득에 맞지 않으면 행동해서는 아니된다. 노여움은 다시 기꺼움이 될 수 있고 성냄은 다시 즐거움이 될 수가 있지만, 망한 나라는 다시 존립할 수 없고 죽은 사람은 다시 살아날 수 없는 것이다. 따라서 슬기로운 임금은 이를 삼가고 훌륭한 장수는 이를 경계하였다. 그것이 곧 나라를 안전하게 하고 군대를 보전하는 방도이다.

主不可以怒而興師하고　將不可以慍而致戰이니　合於利而動하고
주불가이노이흥사　　　장불가이온이치전　　　합어리이동

不合於利而止니라.　怒可以復喜하며　慍可以復悅이로되　亡國은
불합어리이지　　　노가이부회　　　온가이부열　　　망국

不可以復存이요　死者는　不可以復生이라　故로　明主는　愼之하고
불가이부존　　　사자　　불가이부생　　　고　　명주　　신지

良將은　警之하나니　此는　安國全軍之道也라.
양장　　경지　　　차　　안국전군지도야

흥사(興師) : 군사를 일으킴.

온(慍) : 노여워함. 성냄.

열(悅) : 즐거워함.

양장(良將) : 훌륭한 장수.

전군(全軍) : 군대를 보전함.

〈풀이〉

　전쟁으로 인한 인명과 물자의 손실은 나라에 큰 부담이
된다. 따라서 현명한 군주와 훌륭한 장수는 이를 삼가고
경계하였다. 사실 여러 차례 전쟁을 하여 승리를 얻어도
이익을 얻은 나라는 적었고 도리어 피폐해진 나라는 많았
다. 그만큼 승리를 지킨다는 것은 어렵고 또한 소모전으로
이어져 끝내 나라를 망하게 하는 것이다. 그러므로 정책의
수단으로서의 전쟁이라는 그릇된 주장은 버려야 하며, 군
국주의가 지닌 자살적·파멸적 성격을 예사로이 보아서는
아니된다.

13. 용간편(用間篇)

군대의 첩보활동은 전시나 평화시를 막론하고 참으로 중요한 일이다. 적의 실정을 제대로 파악해야만 필승의 전략을 구상할 수 있기 때문이다. 그러나 첩보원을 부리고 이용하는 이는 사람을 알아 보고 그 심리를 꿰뚫어 보는 통찰력의 소유자이여야만 한다. 옛날의 뛰어난 장수들은 모두 첩보 활동의 중요성을 깊이 인식하고 그 일의 추진에 성의를 다했던 것이다.

1

손자가 말하였다.

무릇 10만의 군사를 동원하여 천리를 원정하자면 백성의 비용이나 정부의 군사비가 하루에 천금이 소비된다. 또한 나라의 안팎이 소란스레 움직이며, 백성들 중에는 물자 수송에 지치고 생업에 종사하지 못하는 이가 70만호나 된다. 이런 상태로 버티기를 수년 동안 해도 승패는 단 하루만에 결판이 난다. 그럼에도 불구하고 벼슬과 봉록으로 주는 백금을 아끼어 적정을 알지 못한다면 이는 매우 어질지 못한 짓이다.

이런 사람은 남의 장수일 수가 없고, 임금을 보필할 수도 없으며, 승리의 주체일 수도 없는 것이다. 따라서 지혜로운 임금과 훌륭한 장수가 기동하여 적에게 승리하고 남보다 탁월한 공로를 이룸은 먼저 적정을 알기 때문이다. 먼저 적정을 안다는 것은 귀신에게서 물어서 될 일도 아니며, 다른 경험에서 본받는 것도 아니며, 다른 법칙에 따라 파악되는 것도 아니다. 이는 반드시 적에게서 얻고, 적의 실정을 아는 이를 통하여 알아내야 하는 것이다.

孫子曰 凡興師十萬하여 出征千里면 百姓之費와 公家之奉이
손자왈 범흥사십만   출정천리   백성지비   공가지봉

日費千金이요 內外騷動하고 怠於道路하여 不得操事者는 七十
일비천금   내외소동   태어도로   부득조사자   칠십

萬家라. 相守數年에 以爭一日之勝이니 而愛爵祿百金하여 不知
만가   상수수년   이쟁일일지승   이애작록백금   부지

敵之情者는 不仁之至也오 非人之將也며 非主之佐也며 非勝之
적지정자   불인지지야   비인지장야   비주지좌야   비승지

主也라. 故로 明君賢將이 所以動而勝人하여 成功出於衆者는
주야   고   명군현장   소이동이승인   성공출어중자

先知也니 先知者는 不可取於鬼神하고 不可象於事하며 不可驗
선지야   선지자   불가취어귀신   불가상어사   불가험

於度하니 必取於人하여 知敵之情者也니라.
어도   필취어인   지적지정자야

❖

백성지비(百姓之費) : 백성들이 부담하는 경비.

공가(公家) : 정부. 조정.

태어도로(怠於道路) : 군용 물자를 운반하느라고 기운이 빠짐.

부득조사(不得操事) : 생업에 종사하지 못함.

칠십만가(七十萬家) : 8가구가 한조로 1가구에서 종군하면 나머지 7가구가 그 집안의 생업을 도와야 했다. 따라서 10만 명이 징집되면 70만 가구는 본업의 종사에 어려움이 많았다.

상수(相守) : 서로 마주 대하여 버팀.

출어중(出於衆) : 여러 사람 중에서 뛰어남.

불가상어사(不可象於事) : 다른 경험에서 본받을 수 있는 게 아님.

험어도(驗於度) : 법칙에 의거하여 알아냄.

〈풀이〉

전쟁은 이미 첩보전에서 그 승패가 판가름이 난다고 해도 지나친 말은 아닐 것이다. 왜냐하면 적의 실정을 제대로 파악한 후에야 필승의 전략을 꾸밀 수 있기 때문이다. 그러므로 강대국일수록 첩보활동에 심혈을 기울이며, 거기에 드는 비용을 아끼지 않는다. 유능한 첩보원이 빼낸 적의 일급 비밀은 전시 수많은 아군의 생명을 구할 수도 있고, 또한 수십만의 원군 못지 않는 위력을 지닌 것일 수도 있다. 사실 역사상 유명한 장군들의 승리도 알고 보면 첩보활동에 크게 의존했던 것이다.

2

따라서 간첩을 쓰는 방도에는 다섯 가지가 있으니, 향간(鄕間)·내간(內間)·반간(反間)·사간(死間)·생간(生間)이 그것이다. 다섯 가지 간첩을 한꺼번에 활동케 해도 적은 그 사실을 알지 못한다. 이를 신령스러운 경륜이라 하며, 임금의 보배다. 향간은 그 고을 사람을 꾀어 내어 이용하는 것이다. 내간은 그 관리를 꾀어 내어 이용하는 것이다. 반간은 적의 간첩을 꾀어 내어 역이용하는 것이다. 사간은 거짓 정보를 아군의 간첩에게 믿게 하여 이를 적에게 전하도록 하는 것이다. 생간은 적지에 들어갔다가 되돌아와 보고하는 것이다.

故로 用間에 有五하니 有鄕間하고 有內間하며 有反間하고 有死
고　용간　유오　유향간　　유내간　　　유반간　　유사

間하며 有生間이니라. 五間이 俱起하되 莫知其道니 是謂神紀요
간　유생간　　오간　구기　　막지기도　시위신기

人君之寶也라. 鄕間者는 因其鄕人而用之하고 內間者는 因其官
인군지보야　향간자　인기향인이용지　　내간자　인기관

人而用之하며 反間者는 因其敵間而用之하고 死間者는 爲誑事
인이용지　반간자　인기적간이용지　　사간자　위광사

於外하여 令吾間으로 知之而傳於敵也오 生間者는 反報也라.
어외　영오간　지지이전어적야　생간자　반보야

❖

신기(神紀) : 신령스러운 경륜. 간첩을 부리는 재주가 교묘하다
　　는 뜻.
관인(官人) : 적의 관리.
반보(反報) : 돌아와서 실정을 보고함.

〈풀이〉

　간첩은 그 성격상 다섯 가지로 나눌 수 있다. 향간·내간
·반간·사간·생간이 그것이다.
　향간은 적국의 지방 사람을 매수하여 정보를 얻는 경우
다. 이런 사람은 이 편의 입장으로는 상당히 쓸모있는 존재
다. 내간은 적국의 공직자를 매수하는 경우다. 그는 직무와
관련된 기밀을 알고 있으므로 그 정보 가치는 매우 소중한
것이다. 또한 그가 고위직 관리라면 국가의 정책을 이 편에
유리하게 시행할 수도 있을 것이다. 반간은 적이 보낸 간첩
을 역이용하는 경우다. 즉 이 편의 거짓 정보를 적의 간첩

에게 주어 그가 다시 그쪽에 전하도록 하는 것이다. 예컨대 일본 전국시대의 실력자 오다 노부나가(1582년 6월 사망)는 장인이요, 경쟁자인 사이토 도산의 세력을 이런 식으로 약화시켰다. 그는 정략결혼으로 맺어진 아내 노히메를 이용해 반간계를 쓰기로 한다. 즉 노부나가는 매일 밤 아내가 잠이 든 후에 살며시 밖으로 나가곤 했다. 이상스레 생각한 노히메가 그 까닭을 묻자 노부나가는 말한다.

「부부 사이에는 비밀이 있어서는 아니되오. 그러니 내가 이를 말하겠소. 지금 우리 측은 미노국의 두 대신들과 내통하고 있소. 한밤중에 그들이 장인을 암살하고 봉화를 올리면 아군이 곧바로 쳐들어 가기로 한 것이요. 그래서 매일 밤 당신이 잠든 때에 봉화가 오르는가 살피고 있소. 이 비밀을 다른 사람에게 말하지 마시오.」

노히메는 노부나가의 예상대로 이를 친정 아버지 사이토 도산에게 알렸다. 이에 크게 노한 사이토 도산은 두 대신들을 극형에 처한다.

살모사라는 별명을 지닌 사이토 도산도 오다 노부나가의 이런 계략에 속아 유능한 신하들을 잃은 것이다. 사간이란 아군의 간첩에게 거짓 정보를 주어 그가 다시 이를 적국에 들어가 전하도록 하는 경우다. 거짓은 들통나게 마련이므로 그는 결국 목숨을 잃게 된다.

끝으로 생간은 적국에 잠입하여 정보를 수집한 후 살아 돌아와 이를 보고하는 경우다. 예컨대 몽골의 징기스칸은 서역의 상인들을 정보원으로 이용하였다. 이들은 장사를 빙자하여 적국에 잠입한 후 돌아와 수집한 정보를 몽골군에게 제공한 것이다. 징기스칸의 위대한 무훈도 생간의 활약에 크게 의존한 셈이다.

3

그러므로 3군(三軍)의 일 중에서 간첩과의 관계보다 더 친밀한 게 없고, 상은 간첩에게 주는 것보다 더 후한 게 없으며, 일은 간첩의 그것보다 더 기밀스러운 게 없다.

故로 三軍之事에 交莫親於間하고 賞莫厚於間하며 事莫密於間
고   삼군지사   교막친어간   상막후어간   사막밀어간
이니라.

❖

막친(莫親) : 더 친밀한 사람은 없다.

〈풀이〉

한왕 유방이 형양에서 초패왕 항우와 싸우던 시절의 이야기다.

당시 항우의 참모 범증의 계략으로 고전하던 유방은 진평의 건의에 따라 황금 4만근으로 반간계를 쓴다. 진평은 그것으로 초나라 사졸의 일부를 매수하여 이런 소문을 퍼뜨리게 한다.

「범증은 큰 공을 세웠으나 푸대접을 받아, 지금 한왕과 내통하고 있다.」

이를 들은 항우는 범증을 의심하였다. 그는 곧 한왕 측에 휴전을 빙자한 사자를 보내어 사실 여부를 탐지토록 한다. 항우의 사자를 접견한 한왕 유방은 언짢은 표정으로

중얼거렸다.

「범증이 보낸 사자가 아니고, 항우의 사자이니……」

유방은 상에 놓인 고급요리를 치우게 하고 허술한 음식으로 사자를 대접하였다.

돌아온 사자는 초패왕 항우에게 이 일을 보고한다. 이에 항우가 범증의 직책을 박탈하자, 크게 노한 범증이 이렇게 말한다.

「천하사는 이미 판가름이 났습니다. 군왕께서는 스스로 도모하시기 바랍니다. 원컨대 이 늙은 몸이 고향으로 돌아가도록 허락해 주십시오.」

길을 떠난 범증은 팽성에 이르기도 전에 등에 부스럼이 나서 죽고 만다. 이리하여 항우는 진평의 반간계에 속아 유능한 참모를 잃고 자멸의 길을 걷게 되는 것이다.

20세기의 스파이들 가운데 소련의 조르게는 특히 두드러진 존재일 것이다. 그는 나치당원과 독일 신문사 특파원이라는 신분으로 일본에서 활동한다. 조르게는 일본 주재 독일대사 옷토의 신임을 받으며, 비밀 공산주의자이며 일본 수상 자문역인 오자끼를 통해 최고급 국가 기밀을 입수하였다. 그는 나치 독일의 러시아 침공날짜(1941년 6월 22일)와 일본이 시베리아 침공 계획을 폐기하고 그 침공 목표를 동남아시아 방면으로 바꾼 계획을 모스크바 당국에 보고한다(1941년 7월 2일 일본 어전회의 결의사항). 독일군과 힘겨운 전투를 치르어야 했던 소련은 이 정보에 의거하여 시베리아 주둔 극동군 18사단과 전차 1천 7백대, 비행기 1천 5백대를 빼내어 모스크바 방어에 투입하였다(1941년 10월).

　주코프대장이 지휘한 소련군의 대 나치반격작전이 성공한 이면에는 리하르트 조르게의 숨은 역할이 있었던 것이다.

4

　성인의 슬기가 아니면 간첩을 쓸 수가 없고, 인의가 아니면 간첩을 부리지 못하며, 미묘한 데를 살필 줄 모르면 간첩의 실효를 거둘 수가 없다. 미묘하고도 미묘한 것이니, 간첩이 이용되지 않은 데가 없는 셈이다. 간첩 활동의 기밀이 미리 새어버리면 그 간첩과 알린 자는 모두 죽임을 당한다.

非聖知면 不能用間하고 非仁義면 不能使間하며 非微妙면 不能
비성지 　불능용간 　비인의 　불능사간 　비미묘 　불능

得間之實이니 微哉微哉라 無所不用間也오 間事未發을 而先聞
득간지실 　미재미재 　무소불용간야 　간사미발 　이선문

者면 間與所告者는 皆死하나니라.
자 　간여소고자 　개사

❖

성지(聖智) : 성인(聖人)처럼 뛰어난 슬기와 깊은 사려를 갖춘
　이.

득간지실(得間之實) : 간첩이 수집한 정보에 의거하여 작전을 행
　한다는 뜻.

〈풀이〉

적의 형편을 정탐하는 일에는 어차피 희생이 따르게 마

련이다. 따라서 첩보 활동에 종사하는 사람들이 사명감과 보람을 느낄 수 있도록 그 책임자는 지원과 배려를 아끼지 말아야 한다. 그리고 수집된 정보의 진위를 분석하는 일에도 남다른 지혜와 판단력이 요구되는 것이다. 왜냐하면 적이 일부러 홀린 거짓 정보나 조작 정보도 있기 때문이다. 또한 적의 첩보망을 일망 타진하고 우리 측의 기밀이 새어나가지 않도록 조처하는 것도 중요한 일이다. 이런 업무의 책임자는 뛰어난 두뇌와 수완을 갖추어야 할 것이다.

5

무릇 공격하고자 하는 군대, 공략하고자 하는 성, 죽이고자 하는 인물에 대해서는 반드시 먼저 그 수비하는 장수, 부관, 연락관, 문지기, 일꾼의 이름을 알아야 한다. 이 편의 간첩에게 반드시 알아내도록 명령하여야 한다.

凡軍之所欲擊과 城之所欲攻과 人之所欲殺에 必先知其守將과
범군지소욕격　　성지소욕공　　인지소욕살　　필선지기수장

左右와 謁者와 門者와 舍人之姓名이요 令吾間으로 必索知之니
좌우　알자　문자　사인지성명　　영오간으로　필색지지
라.

❖

수장(守將) : 지키는 장수.
좌우(左右) : 측근. 부관.
알자(謁者) : 연락관. 당번.

문자(門者) : 문지기.
사인(舍人) : 잡역에 종사하는 일꾼.

〈풀이〉

공격하고자 하는 부대, 공략하고자 하는 요새, 죽이고자
하는 인물에 대해서는 사전에 철저한 정보 수집과 작전
계획을 짜야 한다. 이런 점에서 1942년 5월에 일어난 체
코슬로바키아의 총독 라인하르트 하이드리히의 암살은 좋
은 사례가 될 것이다.

게쉬타포의 간부인 하이드리히는 제3제국 총통 아돌프
히틀러에 의해 점령지 체코의 총독으로 부임하여 공포정
치를 행한다(1941년 9월).

당시 영국에 망명한 체코의 군사 첩보원들인 얀 쿠비시
와 요셉 캬프칙은 압제자를 살해하려고 해리팩스기에 몸
을 싣는다. 그들이 밤중에 낙하산으로 내린 곳은 프라하에
서 20킬로미터 떨어진 한적한 마을이었다(1941년 12월).
얀과 요셉은 며칠 동안 채석장에 몸을 숨긴 후 기차를 타
고 프라하로 간다. 그들은 그곳의 비밀 저항세력과 손잡고
하이드리히의 동정을 자세히 살폈다.

총독은 프라하의 폴라드카니 성(城)에서 집무하며, 거
기서 20킬로미터 떨어진 마을의 별장에서 매일 출근하고
있었다. 그는 아침 9시경 별장에서 나와 승용차로 45분쯤
걸려 성에 도착한다.

얀과 요셉은 총독 하이드리히를 저격하는 장소로 프라
하의 변두리 홀레소비체로 정했다. 그곳은 급경사진 언덕
의 아래로 자동차는 속도를 줄여 U자형의 커어브를 돌아

야 했다. 첩보원들이 거사일로 정한 1942년 5월 27일 아침에도 라인하르트 하이드리히는 여느때처럼 아내와 작별 키스를 나누며 승용차에 몸을 실었다.

이때 첫번째 감시원이 커어브 길에서 600미터 떨어진 윗쪽에 서 있고, 둘째 감시원은 거기서 300미터 내려온 곳에 서 있었다. 그들은 거울을 햇빛에 반사시켜 총독의 출현을 알리기로 한 것이다. 둘째 감시원의 거울 신호를 받은 요셉은 곧 커어브 길에서 사격 자세를 취했다. 또한 얀은 그와 10미터쯤 거리를 두고 수류탄을 들었다. 하이드리히의 차가 막 커어브를 돌자 요셉이 자동소총의 방아쇠를 당겼다. 그러나 총알은 발사되지 않았다. 이는 그가 너무 긴장하여 안전장치를 풀 것을 잊은 때문이다.

이때 하이드리히의 기사 크라인이 당황하여 브레이크를 밟자, 차는 얀 앞에 정지하였다. 얀은 기회를 놓치지 않고 수류탄을 살짝 거기에 던졌다. 곧 폭음과 함께 거센 폭풍이 그의 얼굴을 때렸다. 총독 하이드리히와 기사 크라인은 권총을 뽑아들고 요셉과 얀을 추격하였다. 그러나 두 첩보원들은 독일인들을 따돌릴 수 있었다. 점령지 체코의 총독으로 위세를 떨치던 하이드리히는 수류탄 파편에 의한 부상으로 열흘 후 고통 속에서 숨지고 만다.

6

적의 간첩으로 와서 이 편을 살피는 자는 반드시 찾아내어 이익으로 꾀어내고 잘 인도한 후 놓아 보낸다. 그러므로 반간을 얻어 이용할 수 있는 것이다. 이 첩보원으로 말미암아 적의 실정을 알게 되므로 향간, 내간을 구하여 부릴 수 있다. 이 첩보원으로 말미암아 여러 가지 일을 알게 되므로 사간에게 허위 정보를 주어 적에게 전할 수 있는 것이다. 이 첩보원으로 말미암아 적의 실정을 알게 되므로 생간을 보내어 기일 내로 돌아와 아뢰게 할 수 있다.

　이 다섯 가지 간첩의 일은 반드시 임금이 잘 알아야 한다. 이를 아는 것은 반드시 반간의 활동에 달려 있다. 따라서 반간은 후하게 대우해야 한다.

必索敵人之間이　來間我者하여　因而利之하며　導而舍之하나니
필색적인지간　　　내간아자　　　인이리지　　　　도이사지

故로 反間을 可得而用也며 因是而知之라 故로 鄕間과 內間을
고　반간　가득이용야　인시이지지　고　　향간　　내간

可得而使也며 因是而知之라 故로 死間이 爲誑事하여 可使告敵
가득이사야　인시이지지　고　사간　위광사　　가사고적

이며 因是而知之라 故로 生間을 可使如期니 此五間之事는 主
인시이지지　고　생간　가사여기　차오간지사　주

必知之며 知之必在於反間이니 故로 反間을 不可不厚也라.
필지지　지지필재어반간　　고　반간　불가불후야

내간아자(來間我者) : 와서 아군의 실정을 엿보는 자.
인이리지(因而利之) : 간첩을 찾아내어 이익으로 유인함.
인시이지지(因是而知之) : 반간으로 인하여 적의 실정을 알게 됨.
위광사(爲誑事) : 거짓 정보를 알게 함. 허위정보를 제공한다는 뜻.
여기(如期) : 기일 내에 돌아와 적의 실정을 보고케 함.
후(厚) : 후하게 대우함.

〈풀이〉

  적의 간첩을 찾아내어 이익으로 꾀어 내고 우리 편이
되도록 지도해야 한다. 이런 반간을 이용하면 적측에 우리
의 첩보망을 만들 수도 있고, 적의 대응 태세에 혼란과 차
질을 일으키게 할 수도 있다. 사간을 통하여 적에게 허위
정보를 제공하는 일이나, 생간에 의한 정보 수집의 성공
여부도 반간이 그 열쇠를 쥐고 있는 셈이다. 그러므로 임
금과 장수는 이들에 대한 보수와 배려에 소홀함이 있어서
는 아니된다.

7

  옛날 은나라가 일어날 때 이지(伊摯)는 하나라에 있었
고, 주나라가 일어날 때 여아(呂牙)는 은나라에 있었다.
따라서 영명한 임금과 현명한 장수만이 능히 뛰어난 슬기
로써 간첩을 부리어 큰 공을 이룬다. 이것이 곧 용병의 요
점이며, 전 군대가 믿고 움직이는 바가 된다.

昔殷之興也에 伊摯在夏하고 周之興也에 呂牙在殷이니 故로 惟
석은지흥야   이지재하   주지흥야   여아재은   고 유

明君賢將이라야 能以上智로 爲間者하여 必成大功하나니 此는
명군현장   능이상지   위간자   필성대공   차

兵之要요 三軍之所恃而動也라.
병지요   삼군지소시이동야

석(昔) : 옛날.
이지(伊摯) : 상(商)나라 탕왕(湯王)의 재상 이윤(伊尹)을 말함.

탕왕이 백성을 괴롭히는 하(夏)나라의 걸왕(桀王)을 치게 되자 그는 탕왕을 보좌하여 큰 공을 세움. 상나라는 제17대 반경(盤庚)의 시대에 수도를 은(殷)으로 옮김.

여아(呂牙) : 강태공 여상(姜太公 呂尙)을 말함. 주(周)나라의 문왕이 위수에서 낚시질 하는 그를 만나 군사(軍師)로 모심. 이때 문왕은 「저의 선친 태공께서 기다리고 바라시던 성인이 바로 그대임에 틀림없소이다.」고 말해 태공망(太公望)이라 불리움. 문왕의 뒤를 이은 무왕이 폭정을 일삼는 은나라 주왕(紂王)을 멸할 때, 그는 종횡무진한 기략으로 많은 공을 세움. 중국 병법의 효시인 육도는 그의 저술로 알려져 있음.

병지요(兵之要) : 용병의 요점.

〈풀이〉

　상나라 탕왕이 하나라의 걸왕을 정벌할 때 참모 이윤은 큰 공을 세운다. 그는 원래 하나라 출신으로 그쪽의 실정을 잘 파악하고 있었던 것이다. 주나라 무왕이 은나라 주왕을 멸할 때 참모 여상은 큰 역할을 한다. 그는 본디 은나라 사람으로 그쪽의 내막을 잘 알고 있었다. 걸왕과 주왕은 사람을 알아보는 안목이 없었으므로 끝내 큰 인물을 적대 세력에 넘겨주고 만 셈이다. 임금이나 장수는 뛰어난 지혜로써 유능한 첩보원을 기용하여 정보를 수집해야 한다. 이는 최소의 희생과 비용으로 최대의 전과를 거두는 방도일 것이다. 따라서 손자는 첩보 활동을 용병의 핵심으로 보고 있는 것이다.

不朽 Books-고전

학영사의 '불후 북스-고전'은 현대에 맞게 번역, 주해하여
쉽게 이해할 수 있는 영원한 고전입니다.

논어 / 장자 / 채근담 / 손자병법 / 명심보감

옮긴이 | 김석환
펴낸이 | 이호섭
대　표 | 하성규
펴낸곳 | 학영사
　　　　　경기도 파주시 교하읍 문발리 출판문화정보산업단지
　　　　　535-7 세종출판벤처타운 2층
　　　　　Tel.031-947-2393　Fax.031-943-2394
출판등록 | 제406-2008-000062호

*파본은 구입하신 곳에서 바꾸어 드립니다.